CATALOGUE
RAISONNÉ
DES ESTAMPES
GRAVÉES A L'EAU-FORTE
PAR
GUIDO RENI,
ET DE CELLES
DE SES DISCIPLES
SIMON CANTARINI, DIT LE PESARESE,
JEAN-ANDRÉ ET ELISABETH SIRANI,
ET LAURENT LOLI.

PAR

ADAM BARTSCH,
Garde des estampes à la Bibliothèque I. et R. de la Cour, et Membre de l'Académie I. et R. des beaux-arts à Vienne.

A VIENNE,
CHEZ A. BLUMAUER.
1795.

AVANT-PROPOS.

La ressemblance frappante qui se trouve entre beaucoup de pieces de plusieurs disciples du Guide et celles de leur maître; la différence souvent presqu'imperceptible des manieres, dont ces disciples mêmes se sont servis, et qu'il est très-difficile de distinguer; les noms quelques fois faussement ajoutés aux planches, ou par erreur, ou à dessein; les copies extrêmement trompeuses de plusieurs de ces estampes; les contre-épreuves très-vigoureuses qui ressemblent parfaitement aux épreuves tirées de la planche même — Voilà les difficultés qui se présentent de tous côtés à ceux, qui font le recueil des pieces du Guide,et de celles de ses disciples,et qui les engagent dans un labyrinthe de doutes, où ils errent quelques fois bien long tems, sans en revenir plus assurés sur les objets de leur incertitude.

Applanir ces difficultés, résoudre ces doutes, c'est là le but du petit ouvrage, que je présente au public.

Il contient une déscription exacte et détaillée des estampes du Guide et de ses disciples, Simon Cantarini de Pesaro, Jean-André et Elisabeth Sirani, et Laurent Loli, qui tous ont gravé plus ou moins dans la maniere de leur maître.

On a assigné à chaque maître une classe séparé e,où l'on a rangé toutes les pieces qu'il a gravées, tant d'après ses propres desseins, que d'après les inventions d'autre s maîtres.

Les erreurs dans quelques noms ajoutés aux planches, et les fautes si souvent commises, en attribuant à un maître l'ouvrage d'un autre, ont été rélevées et expliquées par des raisons et avec des preuves claires et valables. A l'égard des doutes impossibles à resoudre, on a préféré de les rapporter simplement, plutôt que de les décider sans des preuves satisfaisantes.

Pour garantir les amateurs d'être trompés par des contre - épreuves, dont particulierement celles tirées des estampes du Pésarese sont vigoureuses, on a eu soin de décrire toutes les pieces d'une maniere assez détaillée, en désignant avec exactitude l'emplacement des figures par *droite* et *gauche*. Cette détermination donne en même tems un moyen sûr de reconnoître aisément les copies gravées en sens contraire, et dispense par là d'en faire une mention particuliere.

A l'égard des copies gravées dans le sens de leurs originaux, et dont quelques-unes sont fort trompeuses, j'ai fait de toutes celles, dont j'avois connoissance, une déscription exacte, et j'ai donné une explication claire des marques, par lesquelles on les peut distinguer des originaux. Dans les cas, où le langage seroit insuffisant, j'ai marqué ces différences par des figures gravées dans une planche qui se trouve à la fin de l'ouvrage.

PIECES DU GUIDE,

GRAVÉES D'APRÈS SES PROPRES INVENTIONS.

I. *La Vierge avec l'enfant Jesus.*

La Vierge assise, vue presque de profil, est dirigée vers la gauche de l'estampe. Elle tient entre ses bras l'enfant Jesus, qui se jette à son cou pour l'embrasser. L'on voit vers la gauche dans le fond, au travers d'une arcade, un paysage et S. Joseph en marche. Au bas de l'estampe est une marge de six lignes, dans laquelle on lit:

Aeternum patrem refero pia mater in ulnis.
Me pete qui ora cupis clara videre patris.
Nic. van Aelst for.

Cette estampe est une des plus belles productions du GUIDE, et elle est très-rare.

Hauteur: 7 pouces, 3 lignes, la marge y comprise.

Largeur: 5 pouces, 2 lignes.

Sur les épreuves postérieures l'adresse de Nic. van Aelst est effacée, et on y lit : *Vincenzo Cenci Romae For. G. R. F.*

2. *La Vierge avec l'enfant Jesus.*

La Vierge vue jusqu'aux genoux, tient entre ses bras l'enfant Jesus endormi sur son sein. La tête de la Vierge est penchée vers la gauche de l'estampe. Cette planche n'ayant pas bien réussi à l'opération de l'eau-forte, le Guide l'a retouchée au burin en plusieurs endroits.

Piece en largeur renfermée dans un ovale, dont la largeur est de 5 pouces, 9 lig. sur une hauteur de 4 pouces, 3 lignes.

3. *La Vierge avec l'enfant Jesus.*

Cette estampe a été exécutée d'après le même dessein que la précédente. Le Guide n'y a changé que les draperies de la Vierge ; au reste les figures sont un peu plus grandes et renfermées dans un contour circulaire de 5 pouces, 9 lignes de diametre. La planche, qui est quarrée, porte en hauteur et en largeur également 5 pouces, 10 lignes. Vers le bas de la gauche on lit : *Guid'. Rhen'. In. et fe.*

Dans la planche précédente l'eau-forte a manqué ; dans celle-ci au contraire elle a trop opéré ; car non seulement elle a presque confondu les traits des ombres fortes, mais encore, en enlévant le vernis, elle a mordu plusieurs endroits qui ne devoient point être ombrés, tels que les jambes de l'enfant et les genoux de la Vierge. Il paroît que c'est ce second accident qui a déterminé le GUIDE à graver ce dessein une troisieme fois dans la planche suivante.

4. *La Vierge et l'enfant Jesus.*

Cette troisieme planche, outre qu'elle est gravée en contrepartie de la précédente, en diffère aussi en ce que la main gauche de la Vierge y est autrement placée. Le sujet est renfermé dans un rond de 5 pouces, 8 lignes de diametre, dont la bordure est faite de trois contours circulaires. La planche a au bas une marge de 7 lignes.

Toute la planche, la marge y comprise, porte 7 pouces, 7 lignes de hauteur, sur 5 pouces, 2 lignes de largeur.

Il y a une copie assez trompeuse de cette troisieme estampe ; on y lit vers le bas de la marge à gauche : *Guido Reni inv.* Mais comme on pourroit se méprendre avec une épreuve, où cette marge seroit coupée, il est bon d'examiner l'auréole autour de la Vierge. Dans la copie elle est tracée avec un simple trait, au lieu que dans l'original elle est marquée vers la droite, d'un double trait. (Voyez la figure 1.)

Il y a encore une autre copie, gravée par G. MATTIOLI. L'auréole de la Vierge y est rayonnante, et tout le fond est couvert de tailles. Au bas on lit: G. *Mattioli fe.* Cette copie porte 5 pouces, 5 lignes de diametre.

5. *La Vierge avec l'enfant Jesus.*

La sainte Vierge tenant un livre de la main droite, embrasse de l'autre l'enfant Jesus, assis en saillie sur le bord d'une forme ronde, qui paroît être une espece de lucarne vue en plafond. Vers le bas de la droite on lit les lettres: G. R. F. c'est à dire : *Guido Reni fecit.* Cette estampe est le seul ouvrage, que le GUIDE ait entierement gravé au burin.

Il y en a deux épreuves différentes, savoir celle avec les lettres G. R. F. que je viens de décrire, et une autre avec les lettres A. C. F. qui indiquent le nom d'ANNIBAL CARRACHE, et qui y avoient été mises pour rendre la planche de meilleur débit: mais depuis elles ont été effacées, et la marque du GUIDE a été restituée. Les épreuves avec la marque d'ANNIBAL CARRACHE sont extrêmement rares.

Hauteur : 3 pouces, 6 lignes.

Largeur : 2 pouces, 8 lignes.

6. *La Vierge, l'enfant Jésus, et S. Jean Baptiste.*

La sainte Vierge vue de profil et dirigée vers la droite est assise près d'une table, sur laquelle est l'enfant Jésus, tendant les bras a S. Jean, qui s'approche pour lui baiser le pied droit. La Vierge et S. Jean ne sont vus que jusqu'aux genoux.

Hauteur : 7 pouces.

Largeur : 5 pouces, 9 lignes.

7. *La Vierge, l'enfant Jésus, et S. Jean Baptiste.*

La sainte Vierge tient de la main droite l'enfant Jésus assis sur deux coussins posés sur une table, et met la main gauche sur l'epaule de S. Jean Baptiste, qui s'avance pour recevoir la bénédiction du petit Jésus, et lui baiser le pied. Les figures de la Vierge et de S. Jean ne sont qu'à mi-corps. Cette piece gravée au trait seulement, n'a presque point d'ombres. Elle est renfermée dans un ovale, dont le bord consiste en deux traits éloignés l'un de l'autre environ de trois lignes. La hauteur prise du trait intérieur de l'ovale est de 5 pouces, 5 lignes: la largeur de 4 pouces, 8 lignes.

8. *Sainte Famille.*

La Vierge assise vers la gauche près d'une table soutient l'enfant Jésus, qui y est assis, et qui donne la bénédiction à S. Jean, qui va lui baiser le pied. Derriere la table est Ste. Elisabeth, et vers la droite dans le fond S. Joseph, assis et tenant de la main gauche un bâton. Dans l'air deux anges répandent des fleurs.

Hauteur: 9 pouces, 2 lignes.

Largeur: 7 pouces, 2 lignes.

Il y a une bonne copie de cette estampe, vraisemblablement faite par un des disciples du GUIDE, qui pourroit être LAURENT LOLI. Elle a la même largeur que l'original; mais elle ne porte que 9 pouces de hauteur. On la distingue aussi par le contour du nuage, qui est le plus près du front de S. Joseph. Ce contour s'étend dans l'estampe originale jusqu'au pied gauche de l'un des anges, au lieu que dans la copie il y a entre ce contour et le pied de l'ange un espace d'environ 3 lignes. (Voyez la fig. 2.)

9. *Sainte Famille.*

PREMIERE PLANCHE. La sainte Vierge vue de profil et dirigée vers la gauche, est assise près d'une arcade A sa droite est l'enfant Jesus, qui tend la main pour prendre un bout du manteau de sa mere. Plus loin vers la gauche on voit Saint Joseph, qui tient un livre entre ses mains, et dirige son regard vers la Vierge. Il y a au bas de la planche une marge de 5 lignes, dans laquelle on lit vers la gauche : *Guido Reni fecit.* La hauteur de la planche, la marge y comprise, est de 8 pouces, 5 lignes ; la largeur de 5 pouces, 5 lignes.

Si l'on n'étoit pas certain, que cette piece est de l'invention et de la gravure du GUIDE, on la prendroit pour être du PARMESAN, tant elle est semblable aux ouvrages de ce dernier : les airs de têtes, sur tout de la sainte Vierge et de S. Joseph, sont tout à fait dans sa maniere.

10. *Sainte Famille.*

SECONDE PLANCHE. Le GUIDE sentant bien (si l'on en croit MALVASIA) qu'il avoit fait quelque chose de plus qu'imiter le PARMESAN dans la planche précédente, et ne voulant pas, qu'on put lui reprocher de s'être rien approprié des ouvrages d'autrui, recommença cette seconde planche, et y changea plusieurs choses. D'abord tout le sujet y est en contre-partie de la premiere planche; la figure de S. Joseph est tout à fait changée : ce Saint y est représenté assis devant une table, tenant la main droite sur un livre ouvert, et appuyant la tête sur son bras gauche. Outre cela le GUIDE a aussi ajouté deux anges en l'air, qui répandent des fleurs. Vers le bas de la gauche on lit: *Guidus Renus inventor et incidit*; et dans la marge du bas de l'estampe : *Maria mater gratiæ, Mater misericordiæ, Tu nos ab hoste protege, Et hora mortis suscipe.* La hauteur de cette piece, la marge y comprise, est de 8 pouces, 2 lignes; la largeur de 5 pouces, 7 lignes.

11, *Sainte Famille.*

TROISIEME PLANCHE. Le sujet est sur cette troisieme planche dans le sens de la seconde; mais elle en diffère, en ce que le GUIDE y a introduit le jeune S. Jean baisant la main de la Vierge, et en ce que l'habit et l'attitude de S. Joseph y sont aussi changés. Ce Saint s'appuye sur son bras droit, et dirige ses regards vers S. Jean. Les anges en l'air ne s'y trouvent point.

Hauteur : 7 pouces, 4 lignes.

Largeur : 5 pouces, 1 ligne.

12. *Sainte Famille.*

QUATRIEME PLANCHE. Il est vraisemblable que la belle attitude de la Vierge plut infiniment au GUIDE, puisqu'il se donna la peine de la recommencer tant de fois. Cette quatrieme planche est, à quelques petits changemens près, une copie exacte de la troisieme. Les différences, qui distinguent l'une de l'autre, ne sont par assez caracterisées, pour pouvoir être décrites. La plus sensible se trouve dans quelques traits, qui servent à exprimer le nuage, et qui se voient dans le coin gauche du haut de l'estampe. (Voyez la figure 3.)

Hauteur : 7 pouces, 3 lignes.

Largeur : 5 pouces.

13. *L'enfant Jesus, et S. Jean Baptiste.*

L'enfant Jesus vers la gauche de l'estampe, se leve pour reçevoir à bras ouverts S. Jean Baptiste, qui se jette à genoux devant lui. Vers la droite dans le fond, on apperçoit l'agneau de S. Jean. Quelques uns attribuent l'invention de cette piece à AUGUSTIN CARRACHE.

Hauteur : 5 pouces, 9 lignes.

Largeur : 4 pouces, 9 lignes.

Il y a de cette estampe une copie assez

bonne, où l'on lit vers le bas de la droite le nom d'AUGUSTIN CARRACHE.

14. *S. Christophe.*

Ce Saint traverse un fleuve à gué, en dirigeant sa marche vers la droite. Il porte l'enfant Jesus sur son épaule droite, et tient de la main gauche un long bâton. A la gauche du bas on lit : *Guid. inu. e. fe.*

Hauteur : 9 pouces, 7 lignes.

Largeur : 7 pouces, 9 lignes.

15. *S. Jerôme.*

S. Jerôme en prieres devant un crucifix à l'entrée d'une grotte. Il est dirigé vers la gauche, et tient ses mains jointes. On ne sauroit mieux représenter l'état d'un viellard décharné et attenué par la pénitence : la tête du Saint sur-tout est admirablement bien touchée.

Hauteur : 7 pouces, 10 lignes.

Largeur : 5 pouces, 2 lignes.

Il y a une copie fort trompeuse de cette estampe, faite par un anonyme. Une des différences les plus remarquables, par laquelle on la distingue de l'original, est l'omission de quelques traits (Voyez la figure 4. lettre A.), qui expriment un nuage, et qui se voient dans l'original vers le haut de l'estampe, entre deux branches de buisson. Cette copie porte 7 pouces, 7 lignes de haut, sur 4 pouces, 9 lignes de large.

16. *S. Jerôme.*

Ce Saint est assis vers la gauche de l'estampe sur de grosses pierres. Il est occupé à lire dans un livre qu'il tient des deux mains. Le fond représente un paysage. Cette piece croquée légerement, mais pleine d'esprit, est un essai d'eau-forte. Sa largeur est de 4 pouces, 3 lignes, mesurée par le haut, et de 4 pouces, 5 lignes par le bas; sa hauteur est de 2 pouces, 6 lignes.

17. *L'amour de l'étude.*

La Science ou l'Amour de l'étude, représenté par une femme assise, tenant de la main gauche un compas, et de l'autre une tablette longue, sur laquelle ses régards sont fixés. Près d'elle est un génie, qui trempe sa plume dans un encrier.

Largeur : 6 pouces, 6 lignes.

Hauteur : 5 pouces, 6 lignes.

18. *Trois enfans avec une Soucoupe.*

Deux enfans portent sur leurs épaules un troisieme, qui soutient un plateau garni de trois verres. Le groupe est dirigé vers la gauche de cette estampe, qui est très rare.

Hauteur : 5 pouces, 2 lignes.

Largeur : 4 pouces, 9 lignes.

La même pièce a été gravée une seconde fois par FLAMINIO TORRE, et non par le GUIDE, comme quelques uns prétendent. Elle différe de la premiere, 1 : en ce qu'il y a un fond de paysage. 2 : en ce que sur le plateau, au lieu de trois verres, on voit un verre, un grand vase et un bocal; et enfin 3 : en ce que vers la droite du bas on lit sur une pierre les lettres : G. R. I^{T}. dont les deux premieres désignent le nom du GUIDE, et la troisieme celui de FLAMINIO TORRE. Sa hauteur est de 6 pouces, 6 lignes, et sa largeur de 5 pouces.

19. *Trois Amours.*

Une étude de trois Amours. Celui qui est à la gauche de l'estampe, est assis. De la main droite il tient son arc, et de la gauche une flêche. Les deux autres sont debout en différentes attitudes.

Hauteur : 7 pouces, 1 ligne.
Largeur : 5 pouces, 4 lignes.

20. *Portrait du Pape Paul V.*

Ce portrait est représenté en buste, et vu presque de face ; il est renfermé dans un ovale, au bas duquel est un cartouche avec cette inscription : *Paulus V. Pont. opt. max. Antonius Caranzanus formis.* Cette estampe est rare.
Hauteur : 6 pouces, 9 lignes.
Largeur : 4 pouces, 6 lignes.

21. *Les armes du Cardinal Peretti.*

On y voit un cartouche qui renferme un lion élevé sur ses pattes de derriere, et tenant une plante avec celles de devant. Au haut du cartouche un petit ange assis au milieu, et deux satyres avec des aîles, placés aux deux côtés, soutiennent un chapeau de Cardinal. Ce cartouche est entre deux femmes assises sur des nues. Celle à la gauche de l'estampe, qui représente la force, soutient une colonne, autour de la quelle est entortillée une banderole avec ces mots : *Justa pericula contemnit.* L'autre à la droite, représentant la prudence, tient de la main gauche un miroir et une banderole sur laquelle on lit : ***Dux omnium nostrarum actionum.***

Cette piece, qui est la plus rare de l'oeuvre du Guide, est gravée avec infiniment d'esprit et d'un goût de dessein si svelte, qu'on la prendroit aisément pour être du Parmesan.

Largeur : 8 pouces, 5 lignes.

Hauteur : 5 pouces, 7 lignes.

22—30. *Suite de neuf estampes pour un ouvrage intitulé* : Descrittione degl' apparati in Bologna per la venuta di N. S. Papa Clemente VIII.

A. La façade d'un palais triomphal, sur laquelle sont exhaussés trois grands tableaux. Celui du milieu représente le pape assis sur le trône, et donnant la bénédiction à deux prêtres, qui sont à genoux devant lui. Dans celui de la droite on voit le pape porté sous un dais ; dans celui de la gauche Bellone donne la main à un guerrier.

Largeur : 9 pouces, 8 lignes.

Hauteur : 7 pouces, 4 lignes.

B. La façade du palais public, où l'on voit les armes du pape au milieu de deux croisées, et vers le haut un tableau, qui représente la Vierge assise et tenant une croix.

Hauteur : 7 pouces, 11 lignes.

Largeur : 5 pouces, 6 lignes.

C. Une partie du portique de l'église cathédrale de S. Pierre.

Largeur : 8 pouces, 2 lignes.

Hauteur : 5 pouces, 8 lignes.

D. La porte de la ville de Bologne, dite DI GALIERA. Vers le haut de l'estampe, auprès d'un pilastre, sur le pont levis, on voit deux hommes qui causent ensemble.

Hauteur : 8 pouces.

Largeur : 5 pouces, 5 lignes.

E. Une partie de la place, dite *Piazza eretale*, où l'on voit la colonne destinée pour les feux d'artifice. Au bas de la gauche on lit *Guid. fe.*

Hauteur : 8 pouces, 1 ligne.

Largeur : 5 pouces, 2 lignes.

F. Arc triomphal composé de feuillages, à travers lequel on voit une troupe de guerriers à cheval, qui arrivent par une longue allée.

Hauteur : 7 pouces, 11 lignes.

Largeur : 5 pouces, 4 lignes.

G. Arc triomphal, au haut duquel on distingue la statue de Moïse assis et tenant les tables de la loi.

Hauteur: 8 pouces.

Largeur: 5 pouces, 3 lignes.

H. Autre arc triomphal. On y voit au milieu du haut la statue de Minerve, et un peu plus bas, aux deux côtés, deux autres statues.

Hauteur: 8 pouces.

Largeur: 5 pouces, 6 lignes.

I. Autre arc triomphal avec cinq statues, dont l'une, qui représente une femme assise sur un dauphin, est au milieu du haut, et les quatre autres aux deux côtés.

Hauteur: 8 pouces, 1 ligne.

Largeur: 5 pouces, 8 lignes.

31—42. *Une suite d'études de bouches, d'yeux, de pieds et de têtes à l'usage de ceux, qui commencent à apprendre le dessein; en douze pieces.*

A. Deux yeux vus de profil, dirigés vers la gauche et placés l'un au dessus de l'autre.

Hauteur: 4 pouces, 4 lignes.
Largeur: 3 pouces, 3 lignes (environ *).

B. Copie de la planche précédente, faite par le Guide lui-même, en contrepartie.
Hauteur: 4 pouces, 4 lignes.
Largeur: 3 pouces, 1 ligne (environ).

C. Un nez, une bouche et un menton reunis, comme faisant partie d'une tête vue de face.
Hauteur: 3 pouces, 11 lignes.
Largeur: 2 pouces, 11 lignes (environ).

D. La planche précédente gravée une seconde fois par le Guide lui-même, avec des changemens peu considérables.
Hauteur: 3 pouces, 11 lignes.
Largeur: 2 pouces, 11 lignes (environ).

E. Deux profils de têtes sans front, dirigés vers la droite, et placés à côté l'un de l'autre.
Hauteur: 4 pouces.
Largeur: 3 pouces, 3 lignes (environ).

---

*) Je ne saurois déterminer au juste la grandeur de cette estampe et de quelques autres qui suivent, les épreuves, que j'en ai vues, ayant été rognées.

F. Cette même piece gravée en contrepartie par le GUIDE lui-même. Elle est de la grandeur de la précédente.

G. Un pied gauche de femme, gravé au burin.

Largeur : 4 pouces, 6 lignes.

Hauteur : 3 pouces, 3 lignes (environ).

H. Cette même piece gravée une seconde fois au burin par le GUIDE. Elle différe de l'autre en ce que dans celle-ci on voit une ombre sur le haut du pied. Cette estampe a la grandeur de la précédente.

I. Tête d'homme vue de profil et dirigée vers la gauche, d'où vient le jour. Cette piece est gravée avec beaucoup d'esprit et d'une touche fort légere.

Hauteur : 3 pouces, 9 lignes.

Largeur : 2 pouces, 11 lignes.

K. Tête de jeune homme vue de profil et dirigée vers la droite. Elle n'est que légerement ébauchée, et le derriere de la tête y manque.

Hauteur : 3 pouces, 9 lignes.

Largeur : 3 pouces.

L. Tête de vieillard à grande barbe, vue de profil et dirigée vers la gauche. Piece gravée avec beaucoup d'esprit et de légereté.

Largeur : 5 pouces, 2 lignes.

Hauteur : 4 pouces, 2 lignes.

M. Tête de vieillard à grande barbe, vue de trois quarts, et tournant la vue vers la gauche, d'où vient le jour.

Hauteur : 3 pouces, 9 lignes.

Largeur : 2 pouces, 11 lignes.

FREDERIC CURTI a copié toutes ces pieces, et les a publiées, ainsi que quelques autres éxécutées d'après des desseins du GUIDE, en une suite de dix sept planches. Elles sont précédées d' un frontispice, sur lequel on lit : *Esemplare per li Principianti del Disegno. All' ill.mo Sig.re e Pron. mio coll.mo il Sig.re Antonio Lignani Francesco Curti D.D.D.* Ces planches sont numérotées et portent environ 5 pouces et demi de haut, sur 4 et demi de large.

PIECES DU GUIDE,

GRAVÉES D'APRES D'AUTRES MAITRES.

43. *Une gloire d'anges, d'après Lucas Cambiasi.*

On voit sur cette piece un grand nombre d'anges, qui en différentes attitudes planent dans l'air. Onze figures de ces anges sont très distinctes, les autres plus éloignées ne sont presque marquées que par les contours. Vers la gauche au bas de l'estampe on lit: LVCAS CANGIASIVS INV. et dans la marge: IVBILEMVS DEO SALVTARI NOSTRO. — *Per Illri. Domino Dno. Vido Taurelio Parmensi viro insigni ac bonarum artium amatori et obseruantiæ et grati animi ergo. Petrus Stephanonius Vicentinus Dicabat. Romæ Anno Domini MDCVII. Superioru. permissu. Cu. Privilegio.*

Cette estampe est une des plus belles de l'oeuvre du GUIDE.

Hauteur : 15 pouces, y compris la marge.

Largeur : 10 pouces.

44. *Jesus Christ mis au tombeau par les disciples; d'après le Parmesan.*

Une des saintes femmes soutient le corps de Jesus Christ étendu sur une longue pierre quarrée. Tout près, et vers la gauche de l'estampe, on voit la sainte Vierge évanouïe entre les bras d'une sainte femme. Dans le fond on apperçoit deux autres saintes femmes et quatre disciples. Un cinquieme disciple est debout sur le devant vers la droite. Il tient de la main gauche les plis de son manteau, et étend le bras droit sur les épaules de la femme, qui soutient le corps du Christ. Cette piece est gravée avec tout l'esprit possible d'après l'estampe originale du PARMESAN.

Hauteur : 10 pouces, 3 lignes.

Largeur : 7 pouces, 9 lignes.

L'estampe du GUIDE est en contrepartie de celle du PARMESAN, dont elle diffère en plusieurs points. Le disciple par exemple, qui est à la droite sur le devant, et qui met un bras sur les épaules d'une des saintes femmes, a dans l'estampe du PARMESAN ce même bras élevé plus haut et ne portant sur rien. Dans l'estampe du GUIDE, on voit sur une élévation de terre la couronne d'épines et trois clous, qui ne se trouvent point dans celle du PARMESAN etc.

45. *La sainte famille et sainte Claire, d'après Augustin Carrache.*

La Vierge vue de face jusqu'aux genoux et assise au milieu de l'estampe, a sur ses genoux l'enfant Jesus. A la gauche est sainte Claire, qui adore l'enfant et tient de sa main droite un ciboire, sur lequel l'enfant Jesus porte sa main. Dans le fond vers la droite on voit S. Joseph tenant de la main gauche un bâton. Cette estampe est admirable pour l'art de la touche et du dessein ; elle a au bas une marge de 7 lignes, dans laquelle on lit vers la droite : *Nicolo van aelst formis.*

Hauteur : 8 pouces, 9 lignes, la marge y comprise.

Largeur : 6 pouces, 9 lignes.

46. *La Vierge avec l'enfant Jesus ; d'après Annibal Carrache.*

La Vierge vue jusqu'aux genoux est assise et dirigée vers la droite. Elle soutient de la main gauche l'enfant, qu'elle a sur ses genoux, et lui présente le sein de la main droite. Le fond est blanc. Vers le bas de la droite on lit: *Ani. Ca. in.* C'est à dire : *Annibal Carracci invenit.* Au bas de l'estampe, est une marge de 5 lignes, dans la quelle on lit : LACTASTI SACRO VBERE.

Hauteur : 5 pouces, 3 lignes, la marge non comprise.

Largeur : 4 pouces, 10 lignes.

47. *S. Roch distribuant son bien aux pauvres; d'après Annibal Carrache.*

Saint Roch debout sur une tribune élevée dans l'intérieur d'une colonnade, tient de la main droite une bourse, et de l'autre distribue de l'argent à une foule de pauvres, qui accourent de tous les côtés. Cette excellente estampe est touchée si artistement, et dessinée si savamment, que bien des gens l'ont crue gravée de la propre main d'ANNIBAL CARRACHE, qui n'en est cependant que l'inventeur.

On lit au bas vers la gauche : *Annibal Car. inuenit* ; vers le milieu : *P. Stephanonius formis cum privilegio* ; et à la droite, l'année 1610.

Largeur : 16 pouces, 9 lignes.

Hauteur ; 10. pouces, 8 lignes.

48—54. *Sept estampes pour la déscription des funérailles d'Augustin Carr ache*.*

48. PREMIERE PLANCHE. Elle représente cinq tableaux peints par différens artistes de Bologne. Chacun de ces tableaux a environ 2 pouces de hauteur, sur 1 pouce, 6 lignes de largeur. Deux sont placés l'un sur l'autre à la gauche, et deux autres dans le même ordre se trouvent à la droite de l'estampe. Le cinquieme

---

*) Cet ouvrage extrêmement rare est intitul : *Il funerale d'Agostin Carraccio fatto in Bologna sua patria da gl' Incaminati academici del Disegno. Scritto All' illmo, et Rmo. Sigr. Cardinal Farne e (a Ben detto Morello,) In Bologna presso Vittorio Benacci.* 1603. in 4to Outre les sept planches gravées par le GUIDE, on y en trouve encore deux autres gravées par FR BRIZIO. L'une de ces dernieres est le frontispice de l'ouvrage, et represente un cartouche, qui renferme le titre ci-dessus mentionné en lettres grav es Cette planche, qui porte 5 pouces, 3 lignes de haut, sur 4 pouces, 2 lignes de large, est grav e au burin. L'autre, dont la hauteur est de 15 pouces et la largeur de 10 pouces, 1 ligne, contient le dessein de deux colonnes Doriques de forme quarrée, sur les faces de l une desquelles on avoit rangé les tableaux, dont il est fait mention dans la déscription des trois premieres planches gravées par le GUIDE.

est au milieu entre les quatre autres. Ils sont tous numerotés au bas et représentent les sujets suivans.

1. La peinture et la poësie pleurant la mort d'AUGUSTIN CARRACHE. Peint par FR. BRIZIO.

2. La peinture célébrant sur la lyre les louanges du défunt, pendant qu'Apollon peint sur son tombeau les armes de sa famille. Peint par JACQUES CAVEDONE.

3. Une tête de Christ, ébauche d'un tableau qu'AUGUSTIN CARRACHE peignoit, lorsque la mort le surprit.

4. Prométhée animant une de ses statues avec le feu du ciel. Peint par ALEXANDRE ALBINO.

5. L'Aurore enlevant Céphale. Peint par LEONELLE SPADA.

Cette planche a 4 pouces, 5 lignes de large sur 4 pouces, 2 lignes de haut.

49. DEUXIEME PLANCHE. Elle contient cinq autres tableaux rangés comme dans la planche précédente. Les sujets en sont :

1. Cérés se plaignant à Jupiter de la mort d'AUGUSTIN CARRACHE. Peint par HIPPOLITE FERRANTINO.

2. La peinture retirant du tombeau AUGU-

STIN CARRACHE, et le confiant à la renommée. Peint par J. B. BERTUSI.

3. Les Parques conduisant CARRACHE au pied du trône de Jupiter. Peint par LUCIO MASSAIO.

4. Les prosopopées des fleuves Reno, Tevere et Parma, qui représentent les villes de Bologne, Rome et Parme, savoir les lieux, oú AUGUSTIN CARRACHE a pris naissance, où il s'est perfectionné dans son art, et où il est mort. Peint par SEBASTIEN ROZALI.

5. Mars enlevant au ciel AUGUSTIN CARRACHE, par jalousie du trop beau portrait qu'il avoit fait d'Adonis dans un de ses tableaux, qui est dans la galérie Farnese. Peint par I. B. BUSI.

Cette planche est de forme quarrée, et porte 4 pouces, 3 lignes de hauteur, sur autant de largeur.

50. TROISIEME PLANCHE, avec cinq autres tableaux rangés comme dans les deux planches précédentes. Les sujets sont :

1. La vertu terrassant l'envie et la fortune. Peint par JULES CESAR PARIGINO.

2. Apollon et les Muses honorant le tombeau d'AUGUSTIN CARRACHE. Peint par JEAN VALESIO.

3. Mercure faisant remarquer à la peinture

et à la ville de Bologne les étoiles de la constellation du char céleste, qui étoit la dévise d'AUGUSTIN CARRACHE.

4. La peinture consolée par la poësie. Peint par LOUIS CARRACHE.

5. L'étude et la vigilance chassent l'envie du ciel. Peint par LAURENT GARBIERI.

Cette planche porte 4 pouces, 5 lignes de large, sur 4 pouces, 3 lignes de haut.

51. QUATRIEME PLANCHE. On y voit vers le haut de la gauche le capricorne, vers la droite un cercle renfermant le soleil et la lune, vers le bas de la gauche un singe, et à la droite le cheval Pégase. Au milieu de ces quatre figures est une espece d'ancre, et au dessous un sabre brisé. Cette petite planche quarrée porte 2 pouces, 5 lignes de large, sur 2 pouces, 2 lignes de haut.

Cet écran en rébus, qui fait partie des décorations du même Mausolée, où l'on avoit employé les tableaux des trois planches précédentes, est accompagné de l'inscription suivante.

Spiritus *Cœlum*

tenet

Fama *Orbem*

Mors victa.

Par ces hiéroglyphes et les mots, qui en rendent la signification, on a voulu dire : l'ame du Carrache ayant été recue au ciel, pour y jouir de l'éternité, et son nom glorieux vivant à perpetuité sur la terre, la mort est vaincue.

52. CINQUIEME PLANCHE. Un autre écran en rébus, où l'on a représenté sur une rangée les figures suivantes. Sept étoiles, qui sont la constellation du char céléste, lequel servoit de dévise à AUGUSTIN CARRACHE, deux pinceaux croisés et entrelacés de deux couronnes, l'une de laurier, l'autre de figuier ; un ancre couronné, un palmier, un serpent, quatre abeilles et un oeil. Cette petite planche porte 3 pouces, 8 lignes de large, sur 1 pouce, 3 lignes de haut.

Ce rébus étoit accompagné d'une inscription, qui en explique le sens, savoir :

Augustino Carraccio pictae poesis, ingenii foecunditate, principatum tenenti : virtutibus, diuturno labore acquisitis, prudentia et eloquentia præstanti.

53. SIXIEME PLANCHE. Elle est de la même forme et de la même grandeur que la précédente, et contient comme celle-ci des figures tracées sur une rangée, savoir : un globe étoilé, représentant l'univers (la dévise de la

société des académiciens de Bologne) un doguin, un figuier, une pyramide, sur laquelle sont deux mains qui se serrent, un trophée, la massue d'Hercule, un grand chien de chasse, et deux à plombs, qui font une parallèle. L'inscription suivante, qui accompagnoit ces hiéroglyphes, en explique le sens.

Incaminati amico suavissimo, socio humanissimo, honores et labores, in virtutis obsequium P. P.

54. Septieme planche. Elle est en tout semblable aux deux précédentes. On y voit les figures suivantes: un cédre, un terme, un fuseau, une lampe qui brule et un A Gothique. Ce Rébus étoit pareillement accompagné d'une inscription Latine, qui en donne l'explication:

Mors terminus mortis, perennis vitæ principium.

PIECES

GRAVÉES PAR DIFFÉRENS MAITRES ANONYMES CONTEMPORAINS DU GUIDE, DANS UN GOUT APPROCHANT DE CELUI DE CE MAITRE.

1. *La Vierge, et l'enfant Jesus.*

La Vierge est assise sur des nuages, et dirigée vers la gauche. Elle tient par dessous les bras l'enfant Jesus, qui est de bout devant elle, et semble vouloir s'avancer vers la gauche de l'estampe, au bas de laquelle on lit de ce même côté: *G. Reni. in.* Cette estampe est gravée d'une maniere croquée par un anonyme peu habile, d'après un dessein attribué au GUIDE.

Hauteur : 6 pouces, 6 lignes.
Largeur : 4 pouces, 2 lignes.

2. *La Vierge avec l'enfant Jesus.*

La Vierge vue de face, est assise sur un nuage rayonnant de gloire. Elle soutient de la main gauche l'enfant Jesus, et a dans l'autre un rosaire. L'enfant assis sur un coussin tient aussi de la main droite un rosaire, qu'il passe dessous son pied en jouant, et il en a plusieurs autres sur son bras gauche. La Vierge est vue jusqu'aux genoux, et renfermée dans un ovale. Les quatre coins de l'estampe sont ornés de bouquets de fleurs. Vers le bas, on lit ces quatre vers Italiens :

Vergine bella i vostri eterni fio i
Composer per mio ben questi Rosari
Ond' io con essi a ringratiarvi impari
Per gl'immensi ottenuti alti favori

Dans la coin du bas à gauche, on trouve cette marque : G. R. I. c'est à dire : Guido Reni invenit.

Cette estampe est gravée à l'eau-forte et généralement retouchée au burin, l'eau-forte n'ayant pas bien fait son effet. L'on ne connoit pas le nom du graveur ; il dessinoit correctement, et il a bien exprimé dans cette estampe la maniere du GUIDE, qui en est l'inventeur.

Hauteur : 9 pouces, 6 lignes.
Largeur : 7 pouces, 4 lignes.

3—17. *Jesus Christ, la Vierge, et les douze Apôtres.*

Cette suite de quatorze pieces représente les bustes du Sauveur, de la Vierge et des Apôtres renfermés dans des ovales de 3 pouces, 2 lignes de haut, sur 2 pouces, 3 lignes de large. Ces estampes attribuées au GUIDE sont extrêmement rares, et l'on n'en trouve presque jamais toute la suite compléte à la fois.

A. Le Sauveur. Il est vu de profil, et dirigé vers la droite, d'où vient le jour; il tient sa main droite élevée, pour donner la bénédiction.

B. La Vierge. Elle est vue de profil, et dirigée vers la gauche, d'où elle est éclairée ; elle a les mains jointes.

C. S. Pierre. Il est vu presque par le dos, et dirigé vers la gauche ; sa tête est tournée de façon qu'on en voit les trois quarts. Il porte barbe et moustaches ; une partie de son épaule gauche est découverte. On remarque, qu'il tient une clef dans sa main gauche.

D. S. Paul, vu de face, et dirigé un peu vers la droite, sa main de ce côté repose sur la poignée d'une grande épée.

E. S. Iean l'Evangeliste. Il est vu de face et tient de sa main droite un calice, d'où sort un serpent. Le jour vient de la gauche.

F. S. Simon. Il est vu presque par le dos, et dirigé vers la droite. Il tourne la tête de façon qu'on en voit les trois quarts. Il porte barbe et moustaches. On voit sa main gauche, de laquelle il tient une scie. L'estampe est éclairée par la gauche.

G. S. Iudas Thaddée. Il est représenté avec barbe et moustaches, vu de profil, et dirigé vers la gauche, d'où vient le jour. Il tient les mains jointes, et une massue est posée contre son épaule gauche.

H. S. Iacques Majeur. Il est vu de face, et a les yeux élevés vers le ciel; de sa main droite il tient un bourdon.

I. Autre Apôtre vu presque de face, et dirigé un peu vers la droite. Il éleve les yeux vers le ciel, et tient les mains jointes.

K. Autre Apôtre, avec barbe, vu de face. Il appuye sa tête sur son bras droit, et tient de la main gauche un livre fermé. Cette estampe est éclairée par la droite.

L. Autre Apôtre. Il est vu de profil, et dirigé vers la droite; il a la tête presque chauve, et porte une longue barbe. Il tient de ses deux mains un livre entre ouvert. Le jour vient de la gauche.

M. Autre Apôtre, vu presque de face, et dirigé un peu vers la gauche, d'où vient le jour. Il a la barbe très longue, et baisse les yeux sur un livre ouvert, qu'il tient de la main droite.

N. Autre Apôtre vu de trois quarts, et dirigé vers la droite. Il s'appuye sur sa main gauche, et lit dans un livre, qu'il tient de la main droite. Cette estampe est éclairée par la gauche.

O. Autre Apôtre vu de face. Il a la barbe courte, et les cheveux frisés; il tient de la main droite un livre fermé. Le jour vient de la gauche.

P. Autre Apôtre vu presque par le dos, et dirigé vers la droite. Il tourne sa tête chauve, de maniere qu'on la voit de trois quarts. Il tient des deux mains un livre ouvert. Cette estampe est éclairée par la gauche.

18. *Jesus Christ s'entretenant avec la Samaritaine.*

La Samaritaine est debout vers la gauche

de l'estampe; elle a la main droite sur sa poitrine, et soutient de l'autre une cruche placée sur le puits. Iesus Christ assis vers la droite, est vu de profil, et dirigé vers elle. Cette piece est gravée avec beaucoup d'esprit par quelque peintre Italien anonyme. L'invention en est attribuée par quelques uns au GUIDE: mais il y a plus d'apparence, qu'elle est de l'ALBANE.

Largeur: 9 pouces, 10 lignes.

Hauteur: 7 pouces, 5 lignes; non compris une marge de 6 lignes, qui est au bas de l'estampe.

Les épreuves postérieures portent le nom de CHARLES MARATTI, gravé sur la pierre, que l'on voit à la gauche du bas de l'estampe.

19. *La Vierge du Rosaire.*

La Vierge est représentée assise sur des nuages, et dirigée un peu vers la droite de l'estampe. Elle a dans la main gauche un chapelet, et soutient de l'autre l'enfant Jesus assis à sa droite, qui tient lui même un chapelet de ses deux mains. Au bas on voit plusieurs Anges et Chérubins, qui supportent les nuées, sur les quelles la Vierge est assise. Dans chaque coin du haut vole un Chérubin. Dans la marge du bas, dont la largeur est de deux lignes, on lit: *Vero ritratto della B. V. del S. S. Rosario posta nel Commune di Sauigno.*

Hauteur: 8 pouces; la marge non comprise.
Largeur: 4 pouces, 11 lignes.

20. *Le petit S. Jean Baptiste.*

Ce Saint tout nud est représenté dans l'âge de l'enfance. Il est assis à terre, et dirigé vers la droite, d'où vient le jour. Il s'appuye sur son bras droit, et tient de la main gauche une petite croix avec une banderole, où l'on lit les lettres: VS DEI. Il est à observer, que la lettre V est renversée comme un A. Vers la gauche de l'estampe est l'agneau debout, et derriere lui on voit deux troncs d'arbres. Vers le milieu du bas on lit: *Guido Reni F.* La planche est ceintrée par en haut.

Cette estampe est gravée avec beaucoup d'esprit par quelque artiste anonyme d'après l'invention du GUIDE.

Largeur: 5 pouces, 2 lignes.
Hauteur: 4 pouces, 2 lignes.

21. *S. Luc faisant le portrait de la Vierge.*

Un peu vers la droite de l'estampe ce Saint

est à genoux devant un chevalet. Vu de profil, et dirigé vers la gauche, il est occupé à peindre le portrait de la Vierge, qui vis-à-vis de lui paroît dans les nues, ayant l'enfant Iesus entre ses bras. Derriere S. Luc est le boeuf couché à terre, et derriere le boeuf on voit un jeune homme debout, qui regarde la Vierge.

Cette belle piece dessinée dans le goût du GUIDE paroît être gravée par quelqu'un de ses disciples. Elle est toujours foible d'épreuve, parceque l'eau-forte y a manqué; c'est pour cette raïson, qu'elle a été retouchée au burin en plusieurs endroits.

Hauteur : 9 pouces.

Largeur : 7 pouces, 2 lignes.

On trouve ordinairement au bas une marge d'une planche séparée etapposée au bas de celle-ci, dont la largeur est de 10 lignes. On y lit:

Emin:^{mo} *e Reu*^{mo}. *Principe.*
Pinse già, medico, scrisse facondo
E se nel tre la perfettion si chiude
A nostr' Api si dee, che tanto allude
Quel generoso trin, che resse il mondo.
D. V. E. Deuot.^{mo} *Oblig. et humil. Ser. Gio. Battista Pace.*

Dans une belle copie que BARTOLOZZI a faite de cette estampe, il en attribue l'invention au PESARESE.

22. *Saint Jérôme.*

Ce Saint est assis, et dirigé vers la droite de l'estampe. Il a les mains jointes, et semble méditer. A sa gauche on voit un crucifix attaché par une corde à un tronc d'arbre. Sur le devant vers la gauche est un livre ouvert, posé contre une pierre. On apperçoit le lion dans le fond vers la droite. On attribue cette estampe à quelque éleve du GUIDE, parcequ'il s'y trouve quelque chose de sa maniere. Elle est de forme octogone.

Hauteur : 5 pouces, 11 lignes.

Largeur : 4 pouces, 4 lignes.

23. *Sainte Magdelaine.*

La sainte Magdelaine pénitente à mi-corps. Elle est dirigée vers la droite, pose la main gauche sur son sein, et tient de l'autre un crucifix, qu'elle regarde avec intérêt. Cette piece paroît être gravée par quelque disciple du GUIDE, et peut être même d'après son dessein.

Hauteur : 4 pouces.

Largeur : 3 pouces, 2 lignes.

24. *Vénus.*

Vénus debout sur une coquille, voguant sur

la mer. Vue de face et dirigée un peu vers la droite de l'estampe elle étend la main gauche, et tient de la droite élevée une draperie flottante, dont un bout la couvre par devant. Cette estampe est communement attribuée au GUIDE. Il est bien vraisemblable, qu'il en a fait le dessein, mais il est très certain, qu'il n'en est pas le graveur. MALVASIA est tenté de l'attribuer à J. A. SIRANI; mais la touche, que l'on y voit, est très différente de toutes les autres pieces de ce maître. L'estampe est gravée sur une planche ovale.

Hauteur : 7 pouces, 3 lignes.

Largeur : 5 pouces, 1 ligne.

25. *Vénus sortant de la mer.*

Au milieu de l'estampe Vénus vue entierement de face, est représentée debout au bord de la mer. Elle s'appuye de son bras droit sur un rocher, et tient de sa main gauche élevée le bout d'une draperie, qui flotte au dessus de sa tête, descend derriere son dos, et couvre ses hanches. A la droite sur le devant de l'estampe l'Amour monté sur un dauphin offre à sa mere des perles dans une coquille, qu'il tient de ses deux mains élevées. De ce même côté, vers le haut de l'estampe, paroît dans les nues un autre Amour avec deux colombes. On en voit un troisieme à la gauche de l'estampé, qui du haut du rocher présente à Vénus une corbeille remplie de fleurs.

Cette estampe a au bas une marge de 6 lignes; elle est dessinée avec beaucoup de goût, et paroît être gravée d'après un dessein du GUIDE, ou de J. A. SIRANI. Le graveur n'en est par connu.

Hauteur : 8 pouces, 2 lignes, la marge non comprise.

Largeur : 6 pouces.

26. *Hercule vengé de l'infidélité de Déjanire par la mort de Nessus.*

Hercule assis vers la droite de l'estampe tient sa massue des deux mains. Son regard est tourné vers le centaure Nessus, qu'il vient de terrasser, et qui s'efforce d'arracher la flêche, dont Hercule lui a percé le dos. Déjanire debout derriere Hercule regarde le Centaure avec un air d'intérêt. Vers le milieu du bas de l'estampe on voit un chiffre composé d'un C et de deux P entrelacés. (Voyez fig. 5.) On croit que cette piece est inventée et gravée par quelque disciple du GUIDE, dont on ne sait pas le nom. Elle est dessinée et gravée d'une maniere fort incorrecte.

Largeur : 6 pouces, 11 lignes.

Hauteur : 5 pouces, 5 lignes.

27. *Mars enlevant Vénus, pendant que Vulcain est occupé dans sa forge avec les Cyclopes.*

Vulcain assis vers la droite sur le devant tient de la main droite un marteau. Deux Cyclopes battent une piece de fer sur l'enclume. un troisieme vers la gauche de l' estampe se baisse pour ramasser une cuirasse. Dans le fond vers la droite on en voit un autre occupé près de la forge. Au haut de la gauche Mars enleve Vénus, que deux Amours accompagnent. Tout au bas à la droite est un monogramme composé d'un C et de deux P (Voyez Fig. 6.)Quoique ce monogramme soit différent de celui de la piece précédente, ils dénotent neamoins l'un et l'autre le même maître ; car ces deux estampes sont très certainement gravées par un même artiste.

28. *La Fortune.*

Cette déesse est représentée sous la forme

d'une femme nue avec une draperie légere et flottante. En dirigeant sa marche vers la gauche de l'estampe, d'où vient le jour, elle plane dans l'air au dessus du globe de la terre, dont on ne voit qu'une partie, derriere laquelle son pied gauche est caché. De sa main droite elle renverse et vuide une bourse d'argent, qu'elle tient élevée. Dans l'autre main elle porte une branche de palmier et une petite baguette. Sa tête est tournée vers un génie, qui la suit dans les airs, et s'éfforce de l' arrêter par les cheveux. Au bas de l'estampe est un petit bord d'environ deux lignes, dans lequel on lit vers la gauche : G. R. I. et vers la droite : H. S. F.

Cette estampe est gravée d'après le GUIDE par un anonyme, dont le nom est caché sous les lettres H. S. F.

Hauteur : 8 pouces, 4 lignes, la marge non comprise.

Largeur : 6 pouces, 7 lignes.

Les premieres épreuves ont une marge d'un pouce, 6 lignes, avec cette dédicace : ILL.^{MO} AC. R^{MO}. D. IOA— CAROLO ABB. GAVOTO. Plus bas vers la gauche on lit : H. S. F. et vers la droite : G. R. I. Au milieu de la dédicace sont les armes du Prélat Gavoto. Cette marge a été coupée après-coup, et réduite à la largeur d'environ deux lignes, comme on l'a remarqué ci-dessus.

29. *Deux enfans nuds.*

Deux enfans nuds s'empressant de rattraper un oiseau attaché à un fil, qui vient de leur échapper. L'un d'eux est renversé, l'autre courant après est sur le point de le saisir. Vers la droite du bas on lit : G.do R.no

Cette piece, qui a été indubitablement dessinée par le GUIDE, paroit être gravée par JERÔME ROSSI.

Largeur : 9 pouces, 7 lignes.

Hauteur : 7 pouces, 2 lignes.

30. *Frontispice pour un ouvrage d'Arithmétique de Fontanelli.*

On y voit l' arithmétique sous la figure d'une femme placée auprès d' une fontaine faite en forme de colonne. Elle tient de la main gauche un livre, et de l'autre fait un geste dirigé vers l'eau, qui sort de la fontaine. Elle est accompagnée de quatre génies, dont chacun porte un instrument de mathématique etc.

Dans un cartouche, qui se trouve vers le haut de l'estampe, on lit : *Fonte prima d'Aritme-*

tica di Gio. Batt. Fontanelli. — *Sciens fontem adeat.**). Vers la gauche du bas on lit: *Guido Reni inuen.* Cette piece rare est gravée par un anonyme assez habile.

Hauteur: 7 pouces, 7 lignes.

Largeur: 5 pouces, 1 ligne.

---

*) Il y a un autre cartouche au bas de l'estampe destiné pour la date de l'impression; mais dans l'épreuve que j'ai sous les yeux, le cartouche est en blanc. Cet endroit, en imprimant la planche, a été couvert de papier, dont on reconnoit encore l'empreinte.

PIECES
DE
SIMON CANTARINI DE PESARO,
DIT LE PESARESE.

1. *Adam et Eve.*

Adam et Eve mangeant du fruit défendu. Adam assis à terre au pied de l'arbre de vie prend le fruit, qu'Eve lui présente de la main gauche. Celle-ci est assise sur une butte de terre vers la droite de l'estampe.

Hauteur : 7 pouces, 3 lignes.

Largeur : 7 pouces, 3 lignes.

2. *Repos en Egypte.*

La Vierge assise sur une butte de terre tient entre les bras l'enfant Jésus, qui tend les siens pour reçevoir des fruits, que S. Joseph lui présente de la main droite. Celui-ci est debout sur la butte près de deux palmiers, contre l'un desquels il s'appuye de la main gauche. Vers la gauche du haut deux anges en l'air employent l'effort de leurs bras, pour courber les branches de l'un de ces arbres. Sur le devant à droite on voit une tête, une main et quelques autres débris d'une statue brisée.

Cette estampe a au bas une marge de cinq lignes, dans laquelle on lit vers la gauche: *G. Renus in. et fec.* Cependant elle est très certainement inventée et gravée par le PESARESE. Le nom du GUIDE n'y a été mis qu'après-coup, sans doute par le marchand, qui en avoit la planche, pour la rendre d'un meilleur débit.

Hauteur: 11 pouces, la marge non comprise.

Largeur: 7 pouces.

3. *Repos en Egypte.*

La Vierge assise à terre, et dirigée vers la droite de l'estampe tient sur ses genoux l'enfant Jésus, à qui elle présente le sein. Elle tourne la tête vers un ange placé debout près d'elle, qui abbaisse les branches d'un palmier pour en recueillir les fruits. Un peu plus loin vers la droite est S. Joseph assis à terre, et s'appuyant sur son bras gauche. Le fond est un paysage. Au milieu du bas on lit: *G. Renus in. et fec.* Cette fausse inscription a été ajoutée après-coup par la même raison, qui a déja été expliquée ci-dessus No. 2.

4. *Repos en Egypte.*

La Vierge vue de profil, et dirigée vers la droite est assise au pied de deux arbres, et tient sur ses genoux l'enfant Jésus, qui est couché sur son bras droit. A côté d'elle est assis Saint Joseph, qui de la main gauche lui montre le fond du paysage. Sur le devant à la droite de l'estampe on voit une partie de l'âne broutant.

Hauteur : 7 pouces, 3 lignes.

Largeur : 5 pouces, 8 lignes.

Il y a une copie de ce morceau, que des Amateurs peu éxercés pourroient prendre pour l'original. La différence la plus essentielle consiste en ce que les petits traits, qui dans l'estampe originale se voient au dessous du pouce de la main gauche du S. Joseph, sont omis dans cette copie. (Voyez fig. 7.)

5. *Repos en Egypte.*

La Vierge assise à terre tient sur ses genoux l'enfant Jésus, qui repose sur son bras droit, et à qui elle présente du fruit de la main gauche. Un peu plus loin vers la droite Saint Joseph es assis au pied d'un arbre, et a la vue arrêtée sur deux anges, que l'on voit à gauche derriere la Vierge, et dont l'un cueille des dattes d'un palmier. Le fond est un paysage.

Hauteur : 8 pouces, 2 lignes.

Largeur : 6 pouces, 2 lignes.

6. *Repos en Egypte.*

La Vierge vue de face, et dirigée vers la droite est assise à terre. Elle semble bercer entre ses bras l'enfant Jésus, qui étend les siens. Plus loin vers la droite on voit Saint Joseph assis au pied d'un arbre, s'appuyant sur le bras gauche, et tenant un bâton de la main droite. Cette piece est une de celles, où le PESARESE a mis le plus de soin.

Largeur : 9 pouces, 9 lignes.

Hauteur : 6 pouces, 6 lignes.

Il y en a une copie faite avec beaucoup d'intelligence. On la reconnoit à la différence, qui se trouve dans les nuages au dessus de la tête de la Vierge. (Voyez la fig. 8.) Elle a la largeur de l'estampe originale, mais une ligne de plus en hauteur.

7. *Repos en Egypte.*

La Vierge est assise à terre, et dirigée vers

la droite: elle a sur ses genoux l'enfant Jésus qu'elle considére, et dont on ne voit que la tête. Plus loin vers la droite de l'estampe, est Saint Joseph endormi et couché au pied d'un buisson. Cette piece est de forme octogone.

Largeur: 4 pouces, 7 lignes.

Hauteur: 3 pouces.

8. *Repos en Egypte.*

La figure de la Vierge est presque la même que dans la piece précédente (No. 7.). Elle occupe la même place, et a la même attitude; la seule différence est dans la coëffure et l'habillement. Un peu plus loin vers la droite on voit S. Joseph assis au pied d'un arbre, et lisant dans un livre.

Cette piece est touchée d'une maniere très légere. Dans les arbres du lointain entre la Vierge et S. Joseph, et dans ceux derriere Saint Joseph l'eau-forte a manqué; ce qui fait que ces deux endroits se trouvent imparfaits et foibles dans toutes les épreuves.

Largeur: 4 pouces, 9 lignes.

Hauteur: 3 pouces.

9. *Sainte Famille.*

La Vierge vue de profil, et dirigée vers la

gauche, est assise sur le devant au pied d'un arbre. Elle a entre ses bras l'enfant Jesus, qui repose sa tête, et appuye sa main gauche sur le sein de sa mere. Vis-à-vis d'elle vers la gauche de l'estampe, SainteElisabeth est assise près de Saint Joseph, et entre eux deux est Saint Jean debout. Cette estampe est éclairée de la droite.

Hauteur : 6 pouces, 9 lignes.

Largeur : 4 pouces, 10 lignes.

10. *Sainte Famille.*

C'est le morceau précédent gravé en sens contraire. Le PESARESE y a fait plusieurs changemens, principalement dans la figure de la Vierge et dans celle de l'enfant Jésus. Dans la premiere planche le nez de la Vierge est éclairé, dans cette seconde au contraire le nez et tout le visage sont ombrés. Il en est de même de la tête de l'enfant Jésus, qui est entierement couverte d'ombre, au lieu que dans la premiere planche elle est éclairée, et n'a que peu d'ombres. Mais la différence la plus essentielle consiste en ce que l'enfant Jésus, dont on en voit dans la premiere estampe que le bras droit, montre les deux bras dans cette seconde. L'estampe est éclairée de la gauche.

On lit au milieu du bas: *G. Renus in. et fec.* Et vers le droite: *J. Robillart ex.*

Cette piece est indubitablement inventée et gravée par le PESARESE; car l'inscription, qui l'attribue au GUIDE, est fausse, et ajoutée après-coup, par la raison dont on a fait mention ci-dessus No. 2.

Largeur: 7 pouces.

Hauteur: 4 pouces, 6 lignes.

Il y a des premieres épreuves de cette estampe, où cette inscription ne se trouve point, et où le contour intérieur du bras gauche de Saint Jean n'est pas exprimé.

11. *Sainte Famille.*

La Vierge vue de face est assise à terre au pied d'un arbre. Elle a dans la main gauche un petit livre, et de la droite elle soutient l'enfant Jésus assis sur ses genoux. Celui-ci tend ses bras vers saint Jean, qui paroît en attitude d'adoration. A la gauche un peu plus loin, on voit S. Joseph assis, qui appuyant la tête sur sa main gauche tient de la droite un livre, dans le quel il lit. Le fond est un paysage. Toutes les épreuves de cette planche sont grises; la raison en est, que l'eau-forte n'a pas assez mordu sur les tailles. Cette estampe est très rare.

Largeur : 8 pouces, 4 lignes.

Hauteur : 6 pouces, 1 ligne, en y comprenant la marge d'en bas.

Il y a une mauvaise copie de cette estampe, où l'on lit dans la marge du bas, vers la gauche: *Simone Cantarini In. et Fe.* et vers la droite : *Gio. Jacomo Rossi formis Roma alla Pace.* Au reste elle a la même grandeur que la piece originale.

12. *Sainte Famille.*

La Vierge est assise vers la gauche contre un piedestal. Elle est vue de profil et dirigée vers la droite. Elle tient de la main droite un bout de la draperie de son manteau, et soutient de la gauche l'enfant Jésus. Celui-ci est debout sur les genoux de sa mere, qu'il embrasse. Dans le fond vers la droite, on voit Saint Joseph et derriere lui le jeune Saint Jean. Vers la gauche du bas de l'estampe, au dessous du pied droit de la Vierge, on lit : *S.C.da Pesare fecit.*

Hauteur : 4 pouces, 10 lignes.

Largeur : 3 pouces, 1 ligne.

13. *Sainte Famille.*

La Vierge presque de profil est assise à la droite et dirigée vers la gauche de l'estampe.

Elle tient sur ses genoux l'enfant Jésus, qui a un chapelet entre ses mains. Dans le fond vers la gauche on voit Saint Joseph près d'une table, lisant dans un livre, qu'il tient des deux mains. Au milieu du bas, un peu vers la droite, on lit : *S. C. da Pesare fe.*

Hauteur : 4 pouces.

Largeur : 3 pouces, 2 lignes.

14. *Sainte Famille.*

La Vierge est assise et dirigée un peu vers la droite, d'où vient le jour. Elle laisse pendre sa main droite, et tient de la gauche l'enfant Jésus. Dans le fond vers la droite S. Joseph vu presque par le dos étend ses deux bras pour soulever un rideau. Vers la gauche du bas on lit : *S. C. da Pesare fe.*

Hauteur : 4 pouces, 9 lignes.

Largeur : 3 pouces.

15. *La Vierge, l'enfant Jésus, et S. Jean.*

La Vierge vue de profil jusqu'aux genoux est assise vers la gauche de l'estampe. Elle tient entre ses bras l'enfant Jésus, à qui S. Jean baise la main. Dans le fond on voit S. Joseph, qui fixe ses regards sur S. Jean.

Hauteur : 4 pouces, 8 lignes.

Largeur : 3 pouces, 4 lignes.

Cette planche n'ayant pas bien réussi à l'opération de l'eau-forte, quelque artiste, vraisemblablement le PESARESE lui même, s'est donné la peine de la retoucher à l'eau-forte trait pour trait.

La premiere épreuve est très foible, celle de la planche retouchée au contraire est fort vigoureuse. C'est de là qu'est venue l'erreur de quelques Amateurs, qui ont prétendu, que ces deux épreuves avoient été tirées de deux planches différentes, et qui ont attribué l'épreuve forte au GUIDE comme originale, et l'autre au PESARESE comme Copie.

Pour distinguer la premiere épreuve de la seconde, il faut examiner le feuillé de l'arbre, que l'on apperçoit dans le lointain par une embrasure entre le mur et le piedestal d'une colonne. (Voyez la figure 9.) Sur la premiere épreuve on trouve dans l'endroit A quatre traits, au lieu que dans la seconde l'on n'en voit que trois.

16. *La Vierge avec l'enfant.*

La Vierge est assise dans une gloire. Elle soutient de la main gauche l'enfant Jésus, qui est debout, et se serre contre le sein de sa mere. Dans le fond vers la gauche on voit trois petits anges en attitude d'adoration; et vers le bas de la droite, au dessous des nuées, on apperçoit deux Chérubins, sous lesquels on lit: *S. C. da Pesare fe.* Il y a aussi des premieres épreuves avant cette inscription.

Hauteur: 5 pouces, 3 lignes.
Largeur: 4 pouces, 3 lignes.

17. *La Vierge avec l'enfant.*

La Vierge assise et appuyant sa tête sur sa main droite considere l'enfant Jésus, qui couché sur les genoux de sa mere tient de la main droite un oiseau attaché à un fil. Cette piece gravée par le PESARESE, est tellement dans la maniere du GUIDE son maître, que l'on ne fait aucune difficulté de croire, que c'est celui-ci qui en a fait le dessein.

Hauteur: 7 pouces, 9 lignes.
Largeur: 5 pouces, 5 lignes.

18. *La Vierge avec l'enfant.*

La Vierge assise sur des nuages tient entre ses bras l'enfant Jésus, dans la main droite duquel on voit un chapelet. Dans la partie inférieure des nuages deux têtes de Chérubins se font apperçevoir ; l'une est au dessous du pied droit de la Vierge, l'autre à la droite tout près du bord de la planche. Il n'y a sur cette planche ni nom ni chiffre : mais elle est indubitablement inventée et gravée par le PESARESE.

Hauteur : 4 pouces, 8 lignes.

Largeur : 3 pouces.

19. *Portement de Croix.*

Jésus Christ succombant sous le fardeau de la croix, qu'un homme soutient. La figure du Christ est dirigée vers la droite, d'où vient le jour.

Largeur : 7 pouces, 4 lignes.

Hauteur : 4 pouces, 6 lignes.

Il y a une copie fort trompeuse de cette estampe ; elle différe par les traits horizontaux, qui sont dans les nuées au dessus de la tête du Christ. (Voyez la fig. 10.)

Largeur : 7 pouces, 1 ligne.

Hauteur : 4 pouces, 8 lignes.

20. *La Vierge couronnée.*

La Vierge dans une gloire couronnée par

deux anges. Elle est à genoux sur des nuages, et a les mains croisées sur son sein. Son pied droit pose sur un croissant.

Hauteur : 7 pouces, 8 lignes.

Largeur ; 5 pouces, 2 lignes.

Il y a une copie fort trompeuse de cette estampe ; elle est faite avec tant d'art, que plusieurs connoisseurs l'ont cru gravée par le PESARESE lui même, quoiqu' il ne soit pas vraisemblable, qu'un artiste de ce rang ait fait, lui même, une copie trait pour trait de son propre ouvrage. On reconnoit cette belle copie, à ce qu'elle n'a pas quatre petits traits presque perpendiculaires, qui sont à la distance d'environ trois lignes, au dessus de l'aîle droite de l'ange placé au haut de la droite de l'estampe originale. (Voyez la fig. 11.) Du reste elle a la même hauteur ; mais elle est moins large ; car elle ne porte que 5 pouces.

21. *Le petit S. Jean Baptiste dans le désert.*

Ce Saint représenté à l'âge de l'enfance, est assis vers la droite, et a les jambes croisées. Il tient de la main gauche une petite croix, et s'appuye de cette même main sur la pierre, qui lui sert de siege ; de l'autre il tient une coupe, dans laquelle il reçoit l'eau qui coule d'un rocher. On apperçoit son agneau à la gauche dans le fond.

Il n'y a ni nom, ni marque sur cette estampe, qui est indubitablement inventée et gravée par le PESARESE.

Hauteur: 3 pouces, 9 lignes.

Largeur: 3 pouces, 4 lignes.

22. *St. Jean Baptiste dans le désert.*

Ce Saint assis sur une grosse pierre, est appuyé sur sa main gauche, de laquelle il tient une croix; de l'autre il reçoit dans une coupe l'eau, qui jaillit d'un rocher, près duquel il est assis. Le fond à la gauche offre la vue d'un paysage.

Hauteur: 6 pouces, 3 lignes.

Largeur: 6 pouces, 2 lignes.

23. *St. Sébastien.*

Ce Saint percé de flêches est assis au pied d'un arbre, auquel il est attaché par la main droite avec une corde. Il est dirigé vers la gauche, où l'on voit un ange lui apporter du ciel la palme et la couronne du martyre.

Hauteur: 7 pouces, 2 lignes.

Largeur: 4 pouces, 9 lignes.

Il y a une copie extrêmement trompeuse de cette estampe. Sa différence la plus sensible, est dans une partie du feuillé, entre le tronc de l'arbre et la tête de l'ange. (Voyez la fig. 12.)

Hauteur : 7 pouces.

Largeur : 4 pouces, 8 lignes.

24. *Le grand St. Antoine de Padoue.*

Saint Antoine, dirigé vers la gauche, adore à genoux l'enfant Jesus, qui apparoît dans une gloire d'anges, et qui debout sur des nuages a les deux mains passées sous le menton du Saint. Il y a au bas de l'estampe une marge de quatre lignes.

Hauteur : 9 pouces, 4 lignes, la marge non comprise.

Largeur : 6 pouces, 5 lignes.

Sur les épreuves postérieures on lit vers la gauche du bas : ***Simone Cantarini In. e Fe. Originale.*** Et dans la marge, un peu vers la droite : ***Gio. Jacomo Rossi formis Romæ alla Pace.***

Il y a une copie fort trompeuse de cette estampe, dont la hauteur est de 9 pouces, 2 lignes, et la largeur de 6 pouces, 6 lignes. On la reconnoît en examinant la troisieme tête du premier des trois rangs de Chérubins. Dans cette tête il y a sur l'estampe originale un trait, qui va d'un oeil à l'autre. Ce trait ne se trouve point dans la Copie.

Il y a des épreuves de cette copie, avec une dédicace ajoutée après-coup, savoir: *Al' M. R. P. Maro Fran.co Ant. Broglia da Torino Min: Co. Dottor Teologo, lettore de sacri Canoni in Bolog.a e mio riuerentiss.mo Prone.* 1660. *Quest' imagine etc. Ossequentiss. Seruo fra Gioseffo Malogodi Sagrestano di S. Franco.* Mais ces épreuves sont toutes très foibles.

25. *Le petit S. Antoine de Padoue.*

Ce Saint à genoux devant un autel est dirigé vers la droite. Il tient sur ses mains l'enfant Jesus, qui leve ses deux bras pour l' embrasser. Cette petite estampe est très légerement gravée.

Hauteur: 2 pouces, 11 lignes.

Largeur : 2 pouces, 3 lignes.

26. *Saint Benoît délivrant un possédé.*

On voit au milieu de l'estampe deux hommes, qui s'efforcent de porter le possédé. A la gauche, dans un petit éloignement, estSaintBenoît debout, accompagné de deux religieux de son ordre. Un grouppe de plusieurs moines se voit dans le fond à la droite, et sur le devant du même côté deux femmes saisies de frayeur tombent à terre. Au bas de la droite on lit: *Lud. Caracc. invent.* Le PESARESE a gravé cette piece d' après un tableau de LOUIS CARRACHE, peint dans le cloître du monastere de S. Michel du Bois, à Bologne. L'habileté, avec laquelle cette estampe est exécutée, doit faire regretter, que le PESARESE n'en ait pas continué la suite.

Hauteur : 14 pouces, 7 lignes.

Largeur : 10 pouces.

27. *L'ange gardien conduisant un enfant.*

L'ange dirige sa marche vers la gauche de l'estampe, d'où vient le jour. Il tourne et baisse la tête vers un enfant qu 'il tient de la main gauche, et auquel il montre de la droite la gloire céleste, vers laquelle il le conduit par un chemin escarpé à travers des rochers, que l'on voit à gauche sur le devant, et dans le fond.

Il y a au bas de l'estampe une marge de 7 lignes.

Hauteur: 6 pouces, 3 lignes, la marge non comprise.

Largeur : 4 pouces, 8 lignes.

Il en existe une copie en sens contraire, dont on fait ici mention, parceque le nom du GUIDE s'y trouve à la gauche de la marge, ce qui pourroit faire croire que l'estampe originale est de l'invention de ce maître: mais il est très certain, qu'elle a été inventée et gravée par le PESARESE.

28. *Jupiter, Neptune, et Pluton faisant hommage de leurs couronnes aux armes du Cardinal Borghese.*

A la gauche de l'estampe sur le devant, Pluton est debout sur son char trainé par deux chevaux. A la droite un peu plus loin, on voit dans la mer Neptune pareillement debout, porté sur une grande conque tirée par deux chevaux marins ; il est accompagné de deux Tritons et d'une Néréide, qui le suivent à la nage. Vers la gauche du haut, dans les nues paroît Jupiter, assis dans son char, tiré par deux aigles. Il met sa main droite sur la tête, pour ôter sa couronne, et les deux autres dieux, elevant leur main droite, offrent chacun la leur. Les armes du Cardinal sont placées dans le ciel, et environnées de Génies, qui portent les attributs des quatre vertus cardinales. Vers le bas de la droite, est un petit cartouche, dont l'écusson, qui est en blanc, semble avoir été destinépour quelque inscription. Cette estampe appellée d'ordinaire, quoïque faussement, le *Quos ego*, est si bien dessinée, et gravée avec tant d'art, qu'elle a passé fort long tems pour être du GUIDE, quoiqu'elle soit de l'invention et de la gravûre du PESARESE.

Largeur : 16 pouces.

Hauteur : 11 pouces, 5 lignes.

Il y a des épreuves de cette estampe, où les armes du cardinal Borghese et le petit cartouche d'en bas sont effacés. Plusieurs Amateurs ont souvent payé de telles épreuves à un très grand prix, dans la fausse opinion, qu'elles avoient été tirées avant que l'on eut gravé les armes.

29. *L'enlevement d'Europe.*

Jupiter transformé en taureau, nage vers la droite de l'estampe, d'où vient le jour. Il porte sur son dos Europe, qui assise dans une attitude fort gracieuse se tient de la main gauche à une des cornes. Plusieurs Amours précedent et suivent le taureau, d'autres supportent en l'air le manteau d'Europe. Cette estampe, une des plus belles du PESARESE, est très rare.

Largeur: 11 pouces, 7 lignes.
Hauteur: 8 pouces, 4 lignes.

30. *Mercure et Argus.*

Argus assis à terre vers la droite de l'estampe, écoute avec attention Mercure, qui sous la forme d'un pâtre joue de la flûte. Celui-ci est assis presque au milieu de l'estampe sur une butte de terre; adossé contre des arbres il appuye sa jambe gauche sur un bâton. Le fond est un beau paysage. Cette estampe est pour le goût du dessein, et pour la touche légere de la pointe une des principales de l'oeuvre du PESARESE; elle est très rare.

Largeur: 11 pouces.
Hauteur: 9 pouces, 6 lignes.

31. *Mars, Venus et l'Amour.*

Mars est assis au pied d'un arbre près de Venus, qu'il tient entre ses bras. Tout près de la déesse vers la gauche de l'estampe, est l'Amour assis à terre, et portant sa main droite sur celle de sa mere, qui le tient saisi par les cheveux. Vers la droite du bas on lit: PCI, c'est à dire: *Paulus Caliari invenit.*

Hauteur: 9 pouces, 8 lignes.
Largeur: 7 pouces, 3 lignes.

32. *Venus, et Adonis.*

Venus vue presque par le dos est assise sur une butte auprès d'Adonis, qu'elle embrasse, et dont l'Amour, à genoux près de lui, tient la lance. Sur le devant vers la droite est un chien couché par terre. Le fond est un paysage. Cette piece est gravée en maniere de croquis, mais pleine d'esprit.

Largeur : 6 pouces, 4 lignes.

Hauteur : 4 pouces, 2 lignes.

33. *La Fortune.*

Elle est représentée sous la figure d'une femme nue. Son pied droit est posé légerement sur le globe de la terre, l'autre est levé. Sa marche est dirigée vers la gauche de l'estampe, et sa tête tournée du côté droit vers l'Amour, qui en la suivant en l'air, s'efforce de l'arrêter par les cheveux. Elle tient de la main gauche étendue une bourse renversée, d'où il tombe de l'argent, et de la droite une draperie, qui flotte autour d'elle. Le fond est un nuage. L'estampe est éclairée par la droite.

Hauteur : 8 pouces, 10 lignes.

Largeur : 5 pouces, 4 lignes.

Cette planche est tombée entre les mains

de quelque marchand, qui, pour lui donner un meilleur débit, y a ajouté vers la droite du bas: *G. Renus in. et fec.* Mais il est très certain, que le PESARESE en est l'inventeur et le graveur.

34. *Frontispice de livre.*

On voit dans cette estampe vers le haut de la gauche un écusson d'armes supporté des côtés deux par deux anges, dont l'un sonne de la trompette, et soutenu par deux autres plus petits. Cet écusson est divisé en deux sections, dans l'une desquelles sont représentées deux paires de mains, qui entrelacées serrent la tige d'une plante avec des feuilles et des racines. Vers la droite au bas et sur le devant est assis le Dieu d'un fleuve, vu presque par le dos, appuyé sur son bras gauche, et reposant l'autre sur une urne, d'où l'eau s'écoule. Dans le lointain, on voit un pont, derriere lequel est une tour pointue. Tout au bas de la droite on lit les lettres SC, c'est à dire: SIMON CANTARINI. Cette estampe est gravée avec beaucoup d'esprit et de légereté.

Hauteur: 5 pouces, 2 lignes.

Largeur: 3 pouces, 2 lignes.

35. *Sainte Famille.*

L'enfant Jésus vu de profil et assis à la gauche de l'estampe est sur un coussin posé sur une table. Il tend les deux mains vers un livre ouvert, que la Vierge lui présente. A la gauche, derriere l'enfant, on voit Sainte Anne, et à la droite Saint Joseph. Sur le devant vers la droite est Saint Jean Baptiste vu par le dos; il tourne la tête vers le spectateur, et tend le bras droit vers l'enfant Jésus.

Cette piece est de forme ronde, et porte 4 pouces, 2 lignes de diametre. Au bas vers la gauche à la distance de quelques lignes hors de la forme ronde, on lit quoique presque imperceptiblement : *Simon da Pesaro Inu.* Plusieurs amateurs attribuant cette estampe au PESARESE, on l'a rangée ici parmi ses pieces, quoiqu'il n'en soit que l'inventeur ; elle est gravée par un anonyme, vraisemblablement de l'école du GUIDE.

PIECES DE JEAN ANDRE SIRANI.

1. *Judith.*

Judith représentée à mi-corps, est vue de face et placée vers la gauche de l'estampe. Elle tient à deux mains la tête d'Holoferne par les cheveux, et la pose sur un lit, dont on ne voit qu'une partie sur le devant, à la droite de l'estampe. Dans le fond du même côté paroît une vieille femme, qui semble parler à Judith. La scene se passe dans la tente d'Holoferne.

Cette estampe a vers le bas une petite marge de trois lignes, dans laquelle on lit à la gauche : G. R. I., c'est à dire : *Guido Reni invenit.* La gravure de cette piece est attribuée à J. A. SIRANI.

Hauteur : 9 pouces, 1 ligne, la marge non comprise.

Largeur : 6 pouces, 4 lignes.

2. *Repos en Egypte.*

La Vierge vue de profil est assise à la gauche de l'estampe au pied d'un palmier.

Elle donne le sein à l'enfant Jésus, qu'elle a sur ses genoux. Un peu plus loin, et vers la droite de l'estampe, Saint Joseph assis à terre au pied de deux arbres est occupé à lire dans un livre, qu'il tient des deux mains. Le fond est un paysage montagneux. Vers le bas de la gauche on lit : *Siranus In.* La gravure de cette estampe est attribuée à ALEXANDRE BADIALE ; on voit même à côté du nom de SIRANI quelques traces d'une inscription effacée, qui paroît avoir été le nom de BADIALE.

Largeur : 6 pouces, 6 lignes.

Hauteur : 6 pouces.

3. *Repos en Egypte.*

Vers la droite de l'estampe, la Vierge est assise à terre au pied d'un arbre. Elle tient de la main droite élevée un linge pour en couvrir l'enfant Jésus, qui est couché en travers sur ses genoux, et dont la tête repose sur sa main gauche. Aux pieds de la Vierge on voit un berceau. Dans un petit éloignement est S. Joseph, assis au pied d'un palmier sur une motte de terre, sur laquelle il s'accoude du bras droit. A la gauche du haut de l'estampe planent trois Chérubins. Vers la droite du bas on lit : *Siranus In.* Cette estampe est, comme la précédente, attribuée à ALEXANDRE BADIALE. Il est très certain, qu'elles sont gravées l'une et l'autre d'une même main.

Largeur : 6 pouces.

Hauteur : 5 pouces.

4. *La Vierge, l'enfant Jésus, et S. Jean.*

La Vierge est vue presque de face, et dirigée un peu vers la droite de l'estampe. Elle a la tête appuyée sur sa main gauche, et de l'autre tient l'enfant Jésus assis sur un coussin, à qui Saint Jean présente un oiseau. Les figures de la Vierge et de S. Jean ne sont vues qu'à mi-corps. Cette piece de forme ovale paroît être du dessein du GUIDE, et gravée par J. A. SIRANI.

Hauteur : 7 pouces.

Largeur : 4 pouces, 11 lignes.

Ce même dessein a été gravé une seconde fois par un anonyme, que l'on croit être LAURENT LOLI (Voyez les pieces de L. Loli, No. 4, où l'on a remarqué les différences, qui se trouvent entre ces deux estampes).

5. *Saint Michel.*

Cet archange a le pied droit en l'air, et le

gauche sur la tête du Démon, qu'il précipite dans les enfers en le menaçant d'un glaive, qu'il tient élevé de la main droite. Le Démon est dirigé de la gauche vers la droite. Les enfers sont exprimés par des roches, d'entre lesquels sort du feu et de la fumée. Le tout est renfermé dans un ovale. L'on croit, que cette belle estampe est de l'invention et de la gravure de J. A. Sirani.

Hauteur: 7 pouces, 8 lignes.

Largeur: 5 pouces, 5 lignes.

6. *Sybille.*

Elle est représentée sous la figure d'une femme très avancée en âge, et est enveloppée d'une large draperie. Assise sur un banc, elle s'accoude du bras gauche sur deux grands livres posés sur un piedestal, qui est à sa gauche. Un autre livre est ouvert sur ses genoux. Elle semble fort attentive aux inspirations d'un ange, que l'on voit à mi-corps derriere le piedestal, et qui lui parle en faisant un geste de sa main droite. Cette estampe d'après un tableau du Guide est gravée, à ce que l'on croit, par J. A. Sirani.

Hauteur: 9 pouces.

Largeur: 7 pouces.

7. *L'enlevement d'Europe.*

Assise sur le dos du taureau elle se tient de la main droite à une des cornes. Son air triste, ses yeux élevés vers le ciel, et son bras gauche étendu font connoître, qu'elle exhale des plaintes. Le taureau, qui se dirige vers la gauche, est précédé par deux Amours montés sur des dauphins.

Cette estampe est ordinairement attribuée à J. A. Sirani. Il est bien vraisemblable, que l'invention en appartient à ce maître, mais la maniere de pointe est si différente de celle, que l'on remarque dans toutes les autres pieces du Sirani, qu'on n'est aucunement fondé à lui en attribuer aussi la gravure. L'anonyme, qui a gravé cette estampe, paroît être un peintre, et il n'est pas sans mérite.

Largeur: 9 pouces.

Hauteur: 6 pouces.

8. *Apollon, et Marsias.*

Apollon écorchant le Satyre Marsias. Celui-ci est placé à la gauche de l'estampe, d'où vient le jour. Il a le genou droit en terre, et sa jambe gauche est tendue en avant. Son corps est renversé et adossé contre une butte, à laquelle un de ses bras étendus est attaché, tandisque l'autre est lié à un tronc d'arbre. Sa tête exprime une douleur très vive, et sa bouche ouverte annonce, qu'il pousse des cris. Apollon à genoux devant lui est placé de façon, que la jambe gauche de Marsias passe entre les siennes. Il tient de la main gauche un bout de la peau du Satyre, qu'il détache de dessous l'aisselle avec un couteau. Sur le devant à terre on voit la flûte de Marsias, audessus de laquelle on lit: SIRANO. Cette belle estampe est dessinée et gravée par J. A. SIRANI sur une planche de forme ovale.

Largeur: 7 pouces, 3 lignes.

Hauteur: 5 pouces.

9. *Saturne.*

Ce Dieu vu de face est assis sur des nuages; il s'appuye du bras gauche, et tient une faux de la main droite. Sa jambe gauche est étendue, et repliée. Vers la gauche du bas on lit les lettres: ***Sir. i.*** écrites à rebours, c'est à dire: ***Sirani invenit***, et vers le milieu: GER. S.O F.A pareillement écrit à rebours. Ces lettres dénotent le graveur, qui n'est pas connu. On pourroit les expliquer par *Gerolamo Scarsello*, ou ***Scarsello fecit aqua forti.*** Ce SCARSELLO étoit disciple de FRANÇOIS GESSI. Celui-ci et J. A. SIRANI furent contemporains et condisciples dans l'école du GUIDE.

Hauteur : 6 pouces, 10 lignes.

Largeur : 5 pouces, 2 lignes.

10. *L'Amour debout sur un dauphin.*

Ce Dieu est représenté debout sur un dauphin, voguant sur la mer. Il pose le pied droit sur la tête, et le gauche sur la queue du dauphin. Il tient de la main gauche son arc, qu'il tend de la droite pour en décocher une flêche dans la mer. Vers le bas de la gauche on lit : ***Sir. i.***, et vers la droite : G. S. Cette estampe dont l'invention est de J. A. SIRANI, a été gravée par le même anonyme, dont on a vu ci-dessus le Saturne (No. 9.).

Hauteur : 7 pouces.

Largeur : 5 pouces, 3 lignes.

11. *Bacchanale d'Enfans.*

Au milieu de cette estampe, est un enfant monté sur un cochon. Cette bête couchée sur le ventre a un collier de fleurs au cou, et est couverte d'un drap, qui sert de housse. L'enfant tient du bras gauche élevé une coupe, et de la droite une bouteille. Il est accompagné de deux autres enfans, dont celui à la gauche de l'estampe soutient la bouteille, et l'autre placé derriere lui soutient son bras. Vers la gauche du bas on lit : *Sirano i*, et vers la droite : G. S. F.

Cette estampe est gravée par le même anonyme, qui a fait les No. 9 et 10.

Hauteur : 6 pouces, 11 lignes.

Largeur : 5 pouces, 2 lignes.

PIECES D'ELISABETH SIRANI.

1. *La Vierge avec l'enfant Jésus, et S. Jean Baptiste.*

La Vierge représentée jusqu'aux genoux est assise au milieu de l'estampe. Elle est vue de face, et tourne la tête un peu vers la droite, d'où vient le jour. Elle soutient de ses deux mains l'enfant Jésus, qui est debout avec le pied droit posé sur un coussin, et l'autre sur les genoux de sa mere. Il tend les deux bras pour reçevoir une banderole, que Saint Jean, placé à la gauche de la Vierge, lui présente. Dans le fond à droite on apperçoit un lit avec un rideau. Cette superbe piece, gravée d'après un tableau de RAPHAEL D'URBIN, est renfermée dans une forme ronde, dont le diametre est de 7 pouces, 7 lignes.

Il y a au bas une marge de huit lignes, dans laquelle on lit cette inscription : *Opus hoc a Diuino Raphaele pictum, et a Fr. Bonaventura Bisio oblinitum, inter reliquas inuictissimi Ducis Mutinæ delitias conspicitur, Elisabetha Sirani sic incisum exposuit.*

Hauteur: 8 pouces, 11 lignes; la marge y comprise.

Largeur: 7 pouces, 11 lignes.

2. *Notre Dame de douleurs, environnée des instrumens de la passion de Jésus Christ.*

Au milieu de l'estampe la mere de Dieu est représentée de face, et assise sur un massif de pierre dans une attitude, qui exprime sa tristesse. Elle repose la tête sur son bras gauche accoudé, le bras droit avec la main tournée est étendu vers le bas. La couronne d'épines est sur ses genoux. A la droite de l'estampe derriere le massif est un ange, exprimant la tristesse, et qui, croisant ses bras sur la poitrine, tient de la main gauche la lance, et l'éponge attachée au bout d'un long bâton. Aux pieds de la Vierge, c'est à dire vers la droite du devant, on voit un autre ange à genoux, qui essuye ses larmes de la main droite, en regardant le fouët, les verges, le marteau et les trois cloux, qui sont dispersés à terre devant lui. Tout près de cet Ange un écriteau avec les lettres INRI est posé contre le massif. On apperçoit dans le fond vers la gauche un troisieme Ange, vu de profil et dirigé vers la droite. Il est debout, et adore les mains jointes la croix soutenue en l'air par deux autres anges. Au haut de l'estampe, vers la pointe de la lance paroissent deux Chérubins. Dans la marge du bas, qui est large de six pouces, on lit cette dédicace : *Al' Pre Hetore Ghiselieri sacerdote della Con.ne di S. Filippo Neri. Elisab.ta Sirani F. d. d.* 1657.

On ne peut qu'admirer le goût du dessein et la maniere légere et spirituelle, avec laquelle cette estampe rare est exécutée. Cependant ELISABETH SIRANI n'étoit alors âgée que de dix neuf ans. Suivant MALVASIA, c'est d'après un tableau peint par elle même, qu'elle a fait cette gravure, qui est la plus considérable de toutes celles, que l'on connoit de cette femme habile.

Hauteur : 9 pouces, 5 lignes, la marge non comprise.

Largeur : 7 pouces, 6 lignes.

3. *La Sainte Vierge.*

La Vierge est représentée à-mi-corps, vue presque de face, et dirigée un peu vers la droite. Elle baisse les yeux, et a les mains croisées sur la poitrine. Cette estampe est gravée entierement dans le goût d'ELISABETH SIRA-

NI, et paroît être la même que celle, dont MALVASIA rapporte, que la SIRANI l'avoit gravée pour lui d'après un tableau à figure de grandeur naturelle. (Parte II. pag. 131. Edit. Bologna 1678, in 4to.)

Hauteur : 4 pouces, 2 lignes.

Largeur : 3 pouces, 11 lignes.

4. *Saint Eustache.*

Ce Saint magnifiquement habillé est représenté tombant à genoux. Il est dirigé vers la droite de l'estampe, d'où vient le jour. Son air de tête, ses yeux fixés sur le crucifix, sa main gauche élevée et sa droite posée sur la poitrine expriment parfaitement son repentir. Vis-à-vis de lui, savoir à la droite de l'estampe, est un rocher, au dessus duquel paroit le cerf avec le crucifix sur la tête. Entre le rocher et le Saint est un chien de chasse, dont on ne voit que la tête et la poitrine, l'autre moitié étant cachée derriere le rocher. Le fond est un paysage, dans lequel on remarque la tête d'un cheval vers la gauche, derriere des broussailles. Sur le devant vers la droite on lit quoique imperceptiblement : *Elisabeth Sirani f.* 1656.

Cette estampe est la plus belle production de la pointe D'ELISABETH SIRANI. Elle est fort rare. MALVASIA la cite dans la liste des peintures, écrite par la SIRANI même.

Hauteur : 9 pouces, 4 lignes.

Largeur : 6 pouces, 9 lignes.

5. *La décollation de S. Jean Baptiste.*

Vers la gauche de l'estampe on voit un bourreau debout, presque nud et n'ayant que les hanches couvertes d'un peu de draperie. Il tient de la main droite un glaive, et de la gauche la tête de S. Jean Baptiste, dont le corps est couché à ses pieds. A la gauche du bourreau un jeune homme tient un plat pour reçevoir la tête du Saint. Sur le devant de l'estampe à droite est Hérodiade debout, vue de profil et dirigée vers la gauche. Elle a auprès d'elle deux femmes de sa suite. Vers le bas de la gauche, on lit : ELB^TA SIRANI. F. 1657.

Cette estampe est gravée à l'eau-forte, et retouchée en plusieurs endroits avec le burin ; elle a au bas une marge de six lignes, vraisemblablement destinée à une inscription ; mais dans l'épreuve (la seule que j'aie vue) cette marge a été couverte d'un morceau de papier par l'imprimeur.

Hauteur : 6 pouces, 11 lignes, la marge non comprise.

Largeur : 5 pouces, 2 lignes.

Le dessein altéré et la sécheresse de la pointe dans cette estampe montrent assez clairement, qu'elle n'a pas été gravée par la SIRANI, quoiqu'on ait ajouté près de son nom la lettre F, qui doit signifier *fecit*. On ne sçauroit croire, qu'après avoir publié en 1657 la superbe estampe ci-dessus mentionnée (No. 2.) elle ait pu graver dans la même année une piece si fort au dessous de tout ce que l'on connoit d'elle. Tout au plus en a-t-elle fourni le dessein, mais la gravure en est très certainement d'un anoyme fort médiocre.

6. *Lucrece.*

Lucrece mourant du coup, qu'elle vient de se donner. Elle est vue de face, et dirigée un peu vers la droite de l'estampe, d'où vient le jour. Elle s'appuye du bras droit sur une table, et sa main gauche porte sur un poignard couché sur ses genoux. L'expression et l'air de la tête marquent son affaissement. Il y a au bas de cette estampe une marge d'un pouce, six lignes, au milieu de laquelle on voit les armes du Prélat Paleotti, avec cette dédicace: *All' Ill.mo R.mo mio S.e Pron. Col.mo Mons. Arcbid.o Palleotti.*

Quelques uns attribuent le dessein et la gravure de cette estampe à J. A. SIRANI, d'autres à sa fille ELISABETH.

Hauteur: 7 pouces, 3 lignes, la marge non comprise.

Largeur: 5 pouces, 1 ligne.

PIECES DE LAURENT LOLI.

1. *Fuite en Egypte.*

La Vierge porte sur son bras gauche l'enfant Jésus endormi, et le garantit des rayons du soleil, en étendant de sa main droite le manteau, dont elle a la tête couverte. A sa gauche est S. Joseph, qui tient de la main gauche un bâton, et de la droite montre le chemin. Ils sont précédés l'un et l'autre par un ange, qui porte des fleurs dans un plat, et en présente une de la main droite à la Vierge. Leur marche est dirigée vers la droite. Les figures ne sont vues que jusqu'aux genoux. Cette estampe est gravée d'après le Guide. On lit au bas vers la gauche: *G. R. in.* et vers la droite: L.s Lolius.

Hauteur : 11 pouces, 5 lignes.

Largeur : 9 pouces.

2. *Sainte Famille.*

La Vierge vue de profil est assise à la droite, et dirigée vers la gauche de l'estampe. Devant elle est S. Jean, qui prend la main gauche de l'enfant Jésus, couché sur les genoux de sa mere. Dans le fond vers la gauche on voit Sainte Elisabeth assise, appuyant sa tête sur la main droite, et de l'autre tenant un livre. Cette piece est de forme ovale, et gravée d'après l'invention de JEAN ANDRE SIRANI. Au bas vers la gauche est écrit en lettres gravées au burin: *Sirano i.* et vers la droite: *lorenz. loli f.* Dans les bonnes épreuves on voit au dessus du mot SIRANO ce même nom gravé une seconde fois, mais il n'est que foiblement exprimé.

La hauteur de l'ovale est de 7 pouces, 7 lignes.

La largeur, de 5 pouces, 4 lignes.

La planche entiere porte 7 pouces, 8 lignes de haut, sur 5 pouces, 7 lignes de large.

3. *Sainte Famille.*

La Vierge est assise vers la droite de l'estampe, et dirigée vers la gauche. Elle a sur ses genoux l'enfant Jésus, qui tend les bras vers le petit Saint Jean Baptiste, qui s'approche avec empressement pour l'embrasser. Vers la gauche, un peu plus loin, on voit Saint Joseph debout, appuyé sur un piedestal. De ce même côté, près des pieds de S. Joseph, on lit: *G. R. in.* c'est à dire: *Guido Reni invenit.* et tout en bas: *L. Loli F.*

Hauteur : 7 pouces, 8 lignes.
Largeur : 5 pouces, 10 lignes.

4. *La Vierge, l'enfant Jésus, et Saint Jean.*

Cette estampe exécutée d'après le même dessein que la piece, dont nous avons donné la déscription parmi celles de J. A. SIRANI (No. 4.) est attribuée à LAURENT LOLI. Elle différe de l'autre, 1mo. en ce qu'elle est gravée sur une planche ovale, dont la hauteur est de 7 pouces, 3 lignes, et la largeur de 4 pouces, 11 lignes; tandis que celle attribuée à Sirani l'est sur une planche quarrée. 2do en ce que l'index de la main droite de la Vierge, qui dans l'estampe du SIRANI n'est que peu ombré, est entierement couvert dans celle-ci.

5. *La Vierge avec l'enfant Jésus.*

La Vierge est vue presque de face, et dirigée un peu vers la droite de l'estampe. Elle appuye la tête sur sa main gauche, et tient de l'autre un linge, dont elle va couvrir l'enfant Jesus, endormi sur ses genoux. Cette piece est gravée d'après un dessein d'ELISABETH SIRANI. Vers la gauche du bas, hors de la ligne, qui renferme l'estampe, on lit : *L. Lol. f.* et vers la droite du haut : Elis. SI.

Hauteur : 6 pouces, 6 lignes.
Largeur : 4 pouces, 11 lignes.

6. *La Vierge avec l'enfant Jesus.*

La Vierge est représentée à mi-corps, et vue de face. Elle a sur le bras droit l'enfant Jésus, qui en caressant sa mere de la main gauche tend la droite pour reçevoir une fleur, qu'elle lui offre. Il semble, qu'elle vienne de prendre cette fleur d'une corbeille, qui en est remplie, et qu'un ange présente à l'enfant Jésus. Cet ange est placé sur le devant vers la droite de l'estampe; on ne voit que sa tête, ses deux bras, et une partie de ses aîles. Cette estampe est renfermée dans un ovale, au bas duquel on lit, vers la gauche : *Gio. AS in.* et vers la droite : *L. Lol. f.*

Hauteur : 6 pouces, 6 lignes.
Largeur : 4 pouces, 9 lignes.

7. *L'Assomption.*

La Vierge vue de face, est placée debout sur le croissant, au dessous duquel on voit une partie du globe terrestre, et le serpent écrasé. Dieu le pere paroît au dessus de la tête de la Vierge, sur les épaules de laquelle il pose ses deux mains. Le fond représente la gloire céleste avec plusieurs anges en différentes attitudes d'adoration. Cette estampe belle et rare a été gravée d'après J. A. SIRANI. On lit à la gauche du bas: ***Sir. In.*** et à la droite: ***L. Lolius f.***

Hauteur: 14 pouces, 2 lignes.

Largeur: 9 pouces, 9 lignes.

8. *Saint Jerôme.*

Ce Saint moitié nud, moitié couvert d'une draperie est assis à terre dans une grotte. Il dort la-tête appuyée sur ses deux mains, qui posent sur le roc. A la gauche de l'estampe vers le haut, on voit dans des nuages deux anges, dont l'un fait le signe du silence à l'autre, qui montre le Saint endormi. Au dessous de ces Anges paroît la tête d'un lion tapi dans un antre. Sur le roc, qui sert d'appui au Saint, est une tête de mort et un crucifix, devant lequel une lampe est suspendue. Un livre ouvert est posé contre le bas du roc. Vers la gauche bas on lit: SI. C'est à dire: ***Sirani invenit***, et du vers la droite: ***Lau. Lo. F.***

Hauteur: 8 pouces, 6 lignes.

Largeur: 6 pouces, 3 lignes.

9. *Saint Jerôme.*

Ce Saint est représenté à mi-corps et dirs.

gé un peu vers la gauche. Il lit attentivement dans un livre, qu'il tient de la main gauche, et appuye la tête sur son bras droit. Cette piece, dont l'invention est du GUIDE, a été gravée suivant toute apparence par L. LOLI.

Hauteur : 6 pouces, 3 lignes.

Largeur : 4 pouces, 10 lignes.

10. *Saint Sébastien.*

Ce Saint est assis à terre au pied d'un arbre, auquel il est lié par le bras droit. Sa main gauche, par laquelle il paroît être attaché au tronc de l'arbre, est repliée derriere le dos. Cette superbe piece est renfermée dans une forme ovale, où l'on voit au bas, un peu vers la droite, un chiffre composé de deux L, suivi d'un F. (Voyez la fig. 13.) Ce qui veut dire *Laurentius Loli fecit.*

Hauteur : 4 pouces, 11 lignes.

Largeur : 3 pouces, 8 lignes.

11. *Sainte Magdelaine.*

Elle est représentée à mi-corps, et dirigée un peu vers la droite de l'estampe, d'où vient le jour. Elle a les mains croisées, la gauche placée sur le sein, et dans la droite le crucifix, sur lequel elle semble méditer. Devant elle, vers la droite de l'estampe, on voit une tête de mort et un livre ouvert posés sur le roc. Cette planche a souffert à l'opération de l'eau-forte, qui en quelques endroits a enlevé le vernis, et en d'autres n'a pas suffisamment mordu. Ces derniers endroits à gauche, depuis le milieu jusqu'au bas de la planche, ont été retouchés avec le burin. Cette estampe paroît être de l'invention et de la gravure de L. Loli.

Hauteur : 6 pouces, 6 lignes.

Largeur : 4 pouces, 11 lignes.

12. *La Vierge, Saint Antoine de Padoue, et Saint Nicolas Albergati.*

La Vierge vue de face, avec les mains jointes, est assise au milieu d'une gloire céleste. Plus bas, Saint Antoine de Padoue, et S. Nicolas Albergati de l'ordre des Chartreux, Evêque et Cardinal, sont à genoux sur des nuages. Le premier, qui est à la gauche de l'estampe, porte entre ses bras l'enfant Jésus ; l'autre du côté opposé tient la main droite sur sa poitrine, et un livre de la gauche. Vers le bas de la droite, au dessous de la mitre épiscopale, on lit : *Laur.*[s] *Lo. I. F.* C'est à dire : *L. Loli invenit et fecit.* Il y a au bas de cette estampe, une marge de 8 lignes, avec cette dédicace: *All. Ill.mo R.mo Sig.re mio, Sig.re e Pron Col.mo Mons.re Antonio Albergati Auditore di Rota. Lorenzo Tinti D. D. D.*

Hauteur: 10 pouces, 2 lignes, la marge non comprise.

Largeur: 7 pouces, 3 lignes.

13. *La recompense de l'étude.*

Le Génie de l'étude, sous la figure d'un jeune homme de douze à quatorze ans avec des aîles étendues, est placé debout au milieu de l'estampe. Il n'a pour tout vêtement qu'une draperie légere, qui passe autour de ses cuisses et de son bras droit, dont il s'appuye sur une corne d'abondance, d'où sortent des couronnes, chaînes d'or, colliers d'ordres, bâtons de commandement et autres marques d'honneur, qui sont le partage et la recompense de ceux, qui s'appliquent à l'étude des sciences. Il montre de la main gauche plusieurs livres, qui sont à terre vers la droite de l'estampe; sur l'un d'eux, qui est ouvert et couché sur le devant, on lit: *Laurentius Lo.s F.* Et vers la gauche du bas: *Sirani I.* (c'est à dire: Jean Andre Sirani.)

Hauteur: 6 pouces, 9 lignes.

Largeur: 5 pouces, 1 ligne.

14. *La Renommée.*

Elle est représentée aîlée et vêtue d'une draperie flottante. Dirigée vers la gauche elle plane sur le globe terrestre, dont on ne voit qu'une partie vers le bas de l'estampe. Elle embouche la trompette, qu'elle a dans la main gauche, et en tient une autre élevée de la main droite. Vers la gauche du bas on lit : *Sirani I.* (c est à dire JEAN ANDRE SIRANI). Et vers la droite : ***Laurentius Lolius F.***

Hauteur : 7 pouces.

Largeur : 5 pouces, 1 ligne.

15. *Hercule déchirant le lion de Némée.*

Hercule vu de face pose le pied droit en avant, et appuye le genou gauche sur le dos du lion terrassé, qu'il s'efforce de déchirer, en ecartant de la main gauche la machoire supérieure, et en appuyant de la droite sur l'inférieure. Le fond est un désert, avec des rochers garnis par ci par là de quelques buissons. Tout au bas à la gauche de l'estampe, il y a un monogramme, que l'on croit être celui de LAURENT LOLI. (Voyez la fig. 14).

Hauteur : 12 pouces, 2 lignes.

Largeur : 8 pouces, 1 ligne.

16. *Andromède.*

Elle est assise sur une pierre auprès d'un rocher, auquel elle est attachée par le bras et le pied droit. Derriere ce rocher, vers la droite, paroît le monstre marin avec la gueule ouverte pour l'engloutir. Du même côté au haut de l'estampe on voit dans les airs Persée monté sur le Pégase, arrivant pour combattre le monstre. On lit au bas de l'estampe, vers la gauche : *Gio. And. Sir. I.* Et vers la droite: *La. Lo. f.* 1641. C'est à dire : *Giovanni Andrer Sirani invenit. Laurentius Loli fecit.* Ces inscriptions sont presque imperceptibles.

Hauteur : 9 pouces, 6 lignes.

Largeur : 6 pouces, 3 lignes.

17. *Les armes de Guasta Vilani.*

Un génie assis vers la gauche de l'estampe soutient de ses deux bras élevés un cartouche, qu'il a sur les épaules, et qu'un autre génie en l'air, dont on ne voit que la tête et le bras gauche, lui aide à porter. L'Amour placé debout de l'autre côté de l'estampe montre de la main droite tendue le cartouche, sur lequel on lit : *All illustrissimo Signor et Padron colendissimo il Signor Filipo Guasta Vilani, umilissimo e devotis-*

simo Servitor Vittorio Perena D. D. D. Au dessus de cette inscription sont les armes de Guasta Vilani, qui consistent en trois cercles blancs sur un fond de hâchures. Au bas de l'estampe, vers la gauche, on lit : *I. A. Sirano in.* et vers la droite : L. LL. F. C'est à dire : *Laurentius Loli fecit.*

Hauteur : 7 pouces.

Largeur : 5 pouces, 1 ligne.

18. *Deux enfans nuds jouant avec un oiseau.*

On voit dans cette estampe deux enfans nuds sur un lit, qui jouent avec un oiseau. L'un d'eux, à la gauche de l'estampe, est assis sur un coussin, et présente de la main droite un oiseau à l'autre enfant, qui est à genoux, et qui tend les deux mains pour le prendre. Entre les rideaux du lit, qui sont à la gauche et à la droite de l'estampe, on voit dans le fond un mur, sur lequel un vase est placé. Vers la gauche du bas on lit : *Laur.*[s] *Lo.*[s] *F.* C'est à dire : *Laurentius Lolius fecit.*

Largeur : 6 pouces, 10 lignes.

Hauteur : 5 pouces, 4 lignes.

19. *L'Amour rompant son arc.*

L'Amour est placé presqu'au milieu de l'estampe, et dirigé un peu vers la droite. Il pose son pied gauche sur une butte, et rompt son arc sur le genou. Vers la gauche, à une petite distance, on voit un autre Amour couché à terre, et appuyant sa tête sur son bras droit, par lequel il est enchainé à un rocher. Il tourne la tête vers celui qui rompt son arc, et semble pousser des cris de douleur. Sur le devant, vers la droite, on voit un carquois à terre. Tout au bas de ce même côté on lit l'année 1640.

Hauteur : 6 pouces, 9 lignes.

Largeur : 5 pouces, 2 lignes.

20. *Deux Amours luttant ensemble.*

L'un des deux Amours, c'est à dire celui, qui est à la gauche de l'estampe, paroît succomber. Il est debout sur la jambe gauche, tandis que son genou droit pose sur une butte, contre laquelle il s'appuye aussi du bras droit. Il semble se défendre de la main gauche, qui est levée. L'autre, qui est à la droite de l'estampe, a les jambes ecartées, le pied gauche posé à terre, et le genou droit appuyé sur la jambe gauche du premier, qu'il attaque en même tems de ses deux mains, dont la gauche porte sur la joue, et l'autre retient le bras gauche de son adversaire. Il y a au bas de cette estampe une marge de sept lignes.

Hauteur : 5 pouces, 6 lignes, la marge non comprise.

Largeur : 4 pouces, 8 lignes.

21. *Deux Amours au pied de deux arbres.*

Un Amour couché au pied de deux gros arbres sous un drap tendu aux branches tient de chaque main un arc. Un autre Amour à genoux, tout près de lui, semble demander avec empressement un de ces arcs, en lui saisissant le bras de sa main droite, et voulant, à ce qu'il paroît, arracher l'arc avec force. Sur le devant à la droite on voit un carquois à terre. Plus bas de ce même coté sont les lettres *lo*. C'est à dire LOLI.

Hauteur : 6 pouces, 7 lignes.

Largeur : 4 pouces, 10 lignes.

23. *Hercule au berceau.*

Le petit Hercule tout nud est couché dans un berceau. Son bras gauche repose sur un coussin, et l'autre est tendu droit devant lui; elles sont entortillées l'une et l'autre par des serpens, qu'il tient par la tête, et qu'il étouffe. Vers la gauche on voit une partie d'un rocher, d'où sort un arbre, qui se courbe vers la droite, et sur lequel est suspendu un drap en forme de pavillon.

Hauteur: 6 pouces, 10 lignes.

Largeur: 5 pouces, 2 lignes.

23. *L'Amour endormi.*

Dans une attitude fort gracieuse l'Amour est représenté endormi et couché sous un pavillon. Il a son bras droit au dessus de la tête appuyée sur un coussin, et le gauche mollement étendu sur un autre coussin. Vers la gauche de l'estampe on voit son arc et son carquois, sortant à moitié de dessous la draperie, sur laquelle il est couché. Cette estampe a au bas une marge d'environ 4 lignes.

Hauteur: 6 pouces, 5 lignes, la marge y comprise.

Largeur: 4 pouces, 9 lignes.

24. *Bacchanale d'enfans.*

Le sujet de cette estampe est un enfant, à

qui un autre donne à boire du vin. Celui-là est étendu par terre sur un coussin avec les jambes écartées, et donnant par toute son attitude des marques d'ivresse. Il tient la main gauche levée, et soutient de la droite la bouteille, que l'autre enfant, qui est à genoux à sa droite, lui porte à la bouche. Vers la droite, derriere la tête de l'enfant couché, est un grand tonneau de vin, et de ce même côté, sur le devant on voit à terre une bouteille vuide. Un autre vase est placé vers la gauche, derriere l'enfant qui est à genoux.

Hauteur : 6 pouces, 7 lignes.

Largeur : 4 pouces, 8 lignes.

25. *Bacchanale de trois enfans.*

On y voit vers la gauche un enfant assis et adossé contre un mur. Il tend la jambe gauche, et replie la droite. Il s'ap puye sur le bras droit, et soutient de la main gauche une bouteille, qu'un autre enfant a sur son épaule, et lui porte à la bouche. Un troisieme enfant dort couché sur le devant. Il a sa tête appuyée contre un grand vase, le bras droit posé à terre, et embrasse de l'autre un second vase placé à sa gauche. Vers la gauche du bas on lit : *Laur. Lol. F.*

Hauteur : 7 pouces.
Largeur : 5 pouces, 6 lignes.

26. *Bacchanale de trois enfans.*

Un enfant ivre, couché par terre, s'appuye du bras gauche sur une cruche renversée, contre laquelle il est adossé, et tient de la main droite élevée une coupe, dans laquelle deux autres enfans versent du vin d'un très grand vase, qu'ils soutiennent ensemble. Dans le fond, vers la droite, on apperçoit un bouc, qui mange des raisins. Vers la gauche du bas on lit : *L. Lol. f.*

Hauteur : 7 pouces, 3 lignes.
Largeur : 5 pouces, 9 lignes.

27. *Bacchanale de trois enfans.*

On voit dans cette estampe un enfant ivre, monté sur un bouc, qui est couché à terre. Cet enfant a les deux bras élevés,, et tient une grappe de raisin dans chaque main. Près de lui on en voit un autre debout, qui le soutient du bras droit, et qui a une coupe dans la main gauche. Sur le devant un troisieme enfant renversé par terre s'appuye sur le bras droit, et leve le gauche vers celui, qui est mon-

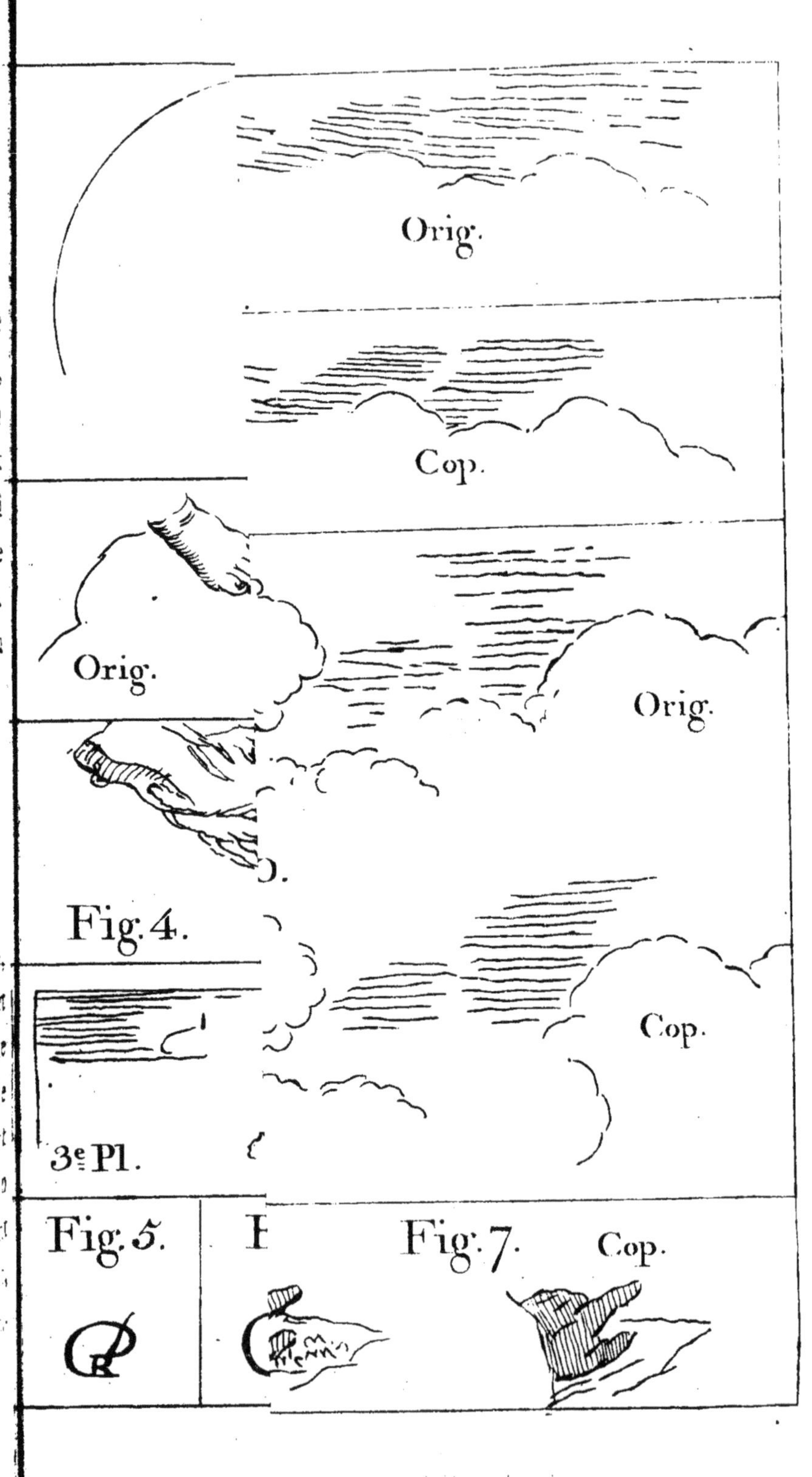
Orig.
Cop.
Orig.
Orig.
Fig. 4.
Cop.
3e Pl.
Fig. 5.
Fig. 7.
Cop.

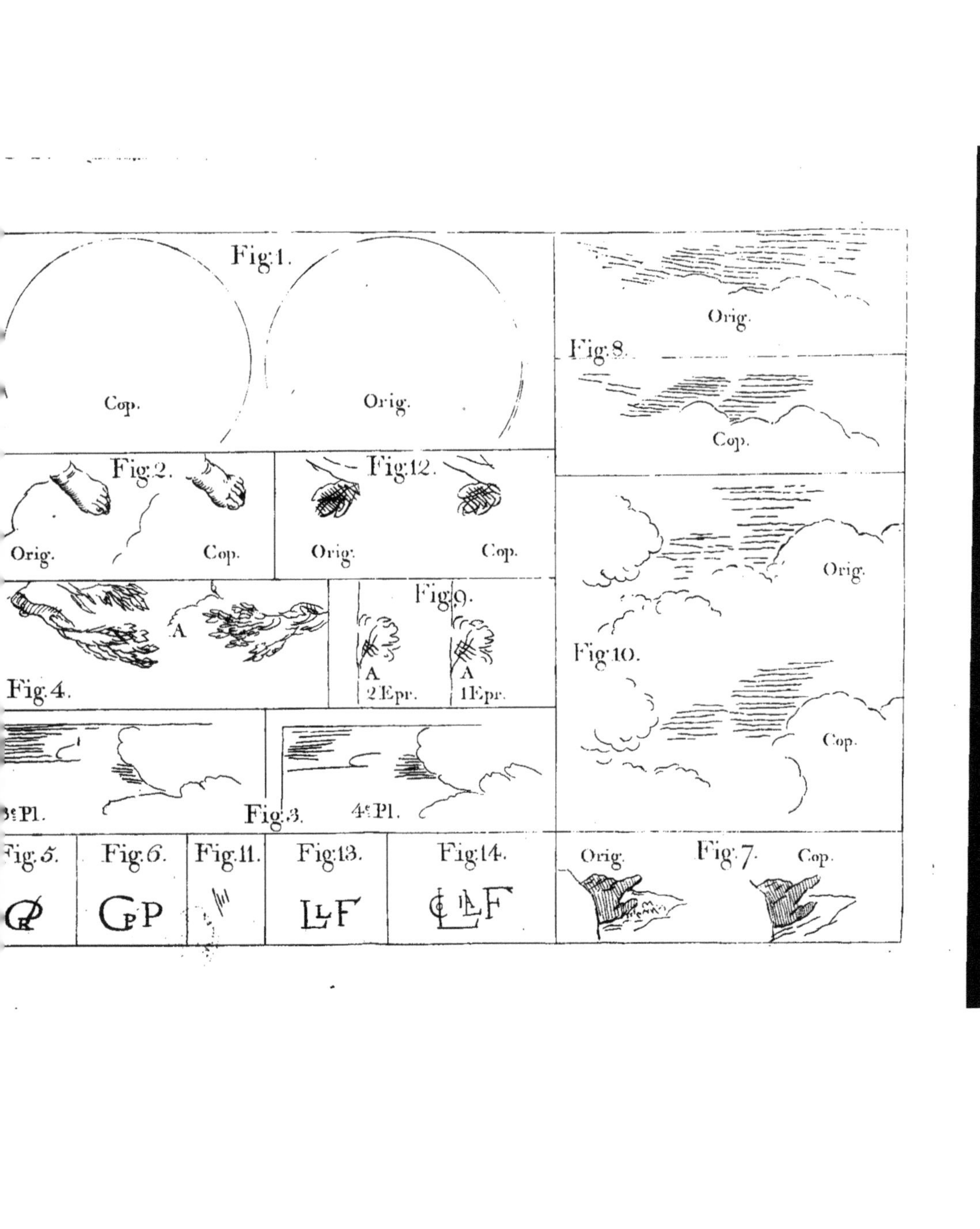
Fig.1.
Cop.
Orig.
Fig.8.
Orig.
Cop.
Fig.2.
Orig.
Cop.
Fig.12.
Orig.
Cop.
Fig.10.
Orig.
Cop.
Fig.4.
A
Fig.9.
A
2 Epr.
A
1 Epr.
3e Pl.
Fig.3.
4e Pl.
Fig.5.
Fig.6.
GP
Fig.11.
Fig.13.
LLF
Fig.14.
Fig.7.
Orig.
Cop.

té sur le bouc. A la gauche du bas on lit:
L. Lol. F.

Hauteur: 8 pouces.

Largeur: 5 pouces, 10 lignes.

FIN.

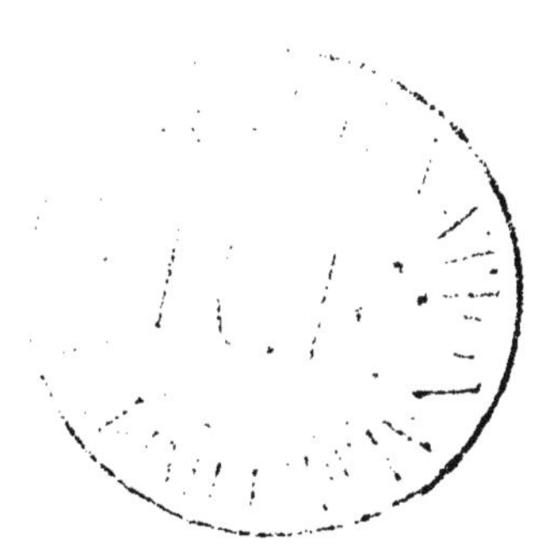

TABLE.

GUIDO RENI.

Pieces gravées d'après ses propres inventions.

Pieces gravées d'après d'autres maîtres.

Pieces gravées par différens maîtres anonymes, contemporains du Guide, dans un goût approchant de celui de ce maître.

Jean André Sirani.

Elisabeth Sirani.

Laurent Loli.

www.ingramcontent.com/pod-product-compliance
Ingram Content Group UK Ltd.
Pitfield, Milton Keynes, MK11 3LW, UK
UKHW020329180726
13839UKWH00002B/614

9 782329 582290